처음 읽는 전자기학

처음 읽는
전자기학

세다드 카이드-살라 페론 글 • 에두아르드 알타리바 그림 • 이충호 옮김 • 김선배 감수

두레아이들

MI PRIMER LIBRO DE ELECTROMAGNETISMO
text by Sheddad Kaid-Salah Ferrón and illustrations by Eduard Altarriba

ICopyright © Editorial Juventud, 2021
Text © by Sheddad Kaid-Salah Ferron and Illustrations © Eduard Altarriba
Original Title: Mi primer libro de electromagnetismo
This edition published by agreement with Editorial Juventud, 2022.
www.editorialjuventud.es
All rights reserved.
Korean Translation Copyright © Dourei Publication Co., 2022
Korean translation rights arranged through Iniciativas Empresariales Ilustrata S.L. in conjunction with Orange Agency.

이 책의 한국어판 저작권은 Orange Agency를 통해 Editorial Juventud와 독점계약을 맺은 두레출판사가 갖고 있습니다. 저작권법에 의해 한국 내에서 보호를 받는 저작물이므로 무단으로 전재하거나 복제할 수 없습니다.

차례

머리말	7
전기 현상	8
전기	9
전하	10
입자와 전하	12
편극	14
전하는 보존된다!	16
검전기	18
검전기 직접 만들기	19 ⚙
풍선을 이용한 실험	20 ⚙
두 전하 사이의 전기력	21
전류	22
전압	23
전지	24
전지 직접 만들기	25 ⚙
자기	26
자석	27
자석의 자기장	28 ⚙
지구는 거대한 자석	30
자기를 만들어 내는 전기	32
전자석	34
전동기	36
전동기 직접 만들기	37 ⚙
왜 어떤 물질은 자성을 띨까?	38
전기를 만들어 내는 자기	40
전기 생산	42
전기장과 자기장	44
전자기파	46
전자기 스펙트럼	48
우리는 전자기력 덕분에 존재하고 살아가요	49
감사하는 말	50

⚙ 실험이 있는 페이지

머리말

방에 들어섰더니 온 방 안이 캄캄해요. 손으로 벽을 더듬으면서 스위치를 찾아요. 그건 어렵지 않아요. 스위치가 어디 있는지 잘 아니까요. 스위치를 누르는 순간, 방 안이 마술처럼 환해져요.

오늘날 전기와 자기는 사방에 널려 있고, 우리는 거의 모든 곳에 전기와 자기를 사용해요. 사실, 전기와 자기 없이 작동하는 것은 찾기가 힘들어요.

집 안과 거리를 환히 밝히고, 인덕션으로 조리를 하고, 냉장고 온도를 차갑게 하고, 전자레인지로 식품을 데우고, 텔레비전을 보고, 비디오 게임을 하고, 컴퓨터로 인터넷 세계를 돌아다니고, 휴대 전화로 메시지를 보내고, 이어폰으로 음악을 듣는 일을 포함해 전기와 자기가 쓰이는 곳은 셀 수 없이 많아요.

그런데 전기란 도대체 무엇일까요? 전기는 자석과 무슨 관계가 있을까요? 또, 자기란 무엇일까요? 그리고 가장 흥미로운 질문이 있는데, 이 모든 것은 빛과 무슨 관계가 있을까요?

이 책은 환상적인 전자기학 세계를 여행하면서, 이 질문들은 물론 여러분이 궁금해하는 많은 질문의 답을 들려줄 거예요.

이 놀라운 여행에 온 것을 환영합니다!

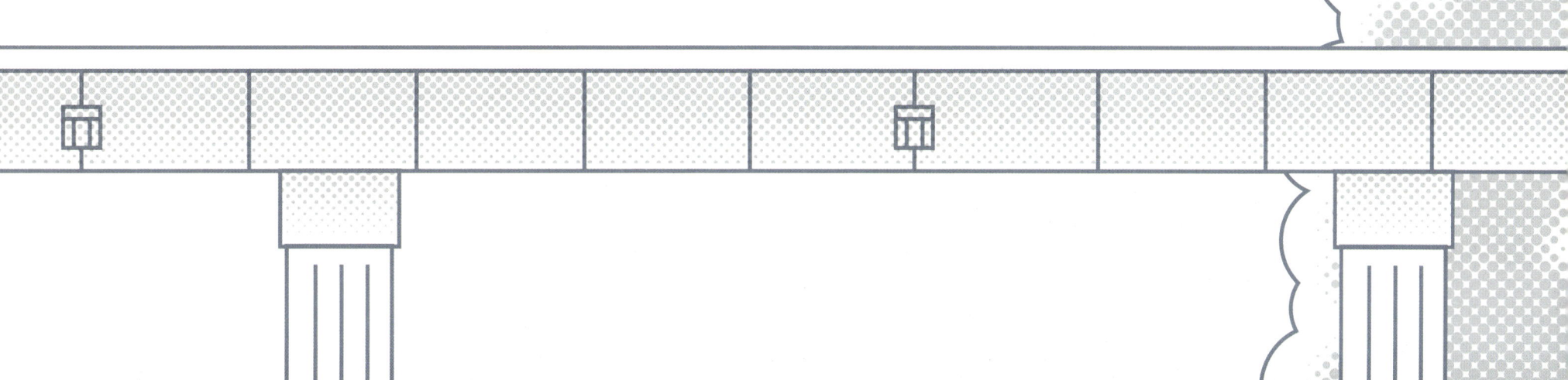

약 4800년 전에 이집트 사람들은 이미 전기메기 같은 전기 물고기에 대한 기록을 남겼어요. 전기 물고기는 몸속의 발전 기관으로 전기를 만들어 자신을 보호해요. 이집트 사람들은 전기 물고기를 '나일강의 뇌신(천둥과 번개를 관장하는 신)'이라고 불렀어요.

전기 현상

우리가 전기가 무엇이고 어떻게 생겨나는지 알기 훨씬 이전인 먼 옛날부터 인류는 전기의 효과를 알고 있었어요.

먼 옛날 사람들은 대기 중에서 나타나는 전기의 효과를 알고 있었어요. 특히 아주 특별한 자연 현상인 번개가 사람들의 눈길을 끌었어요. 다만 옛날 사람들은 번개의 정체를 정확하게 몰랐기 때문에, 신화에 나오는 신들의 초자연적 능력으로 설명하려고 했어요.

기원전 600년 무렵에 그리스 밀레토스의 철학자 탈레스는 호박* 조각을 털에다 문지르면 신비한 힘이 생겨난다는 사실을 알아냈어요. 이 신비한 힘은 보이지 않게 작용하면서 멀찌감치 떨어져 있는 종잇조각 같은 물체를 끌어당겼어요.

*호박은 우리가 먹는 식물이 아니라 나뭇진이 땅 속에 묻혀 굳어서 생긴 누런색 광물이에요. 호박을 그리스어로는 '엘렉트론(elektron)'이라고 하는데, '전기'를 뜻하는 영어 단어 일렉트리시티(electricity)는 여기서 유래했어요.

이 현상들과 더 많은 것들을 설명하려면, 먼저 **전기가 무엇인지** 알아야 해요.  **전기** ▶▶

플라스틱 빗으로 머리를 빗을 때에도 이 신비한 '전기적' 힘이 발생해 머리카락이 빗 쪽으로 끌려가지요.

전하

전하는 물질이 지닌 물리적 성질인데, 우리가 관찰하는 모든 전기 현상은 전하로 설명할 수 있어요.

미국의 100달러짜리 지폐에는 벤저민 프랭클린의 초상화가 인쇄되어 있어요.

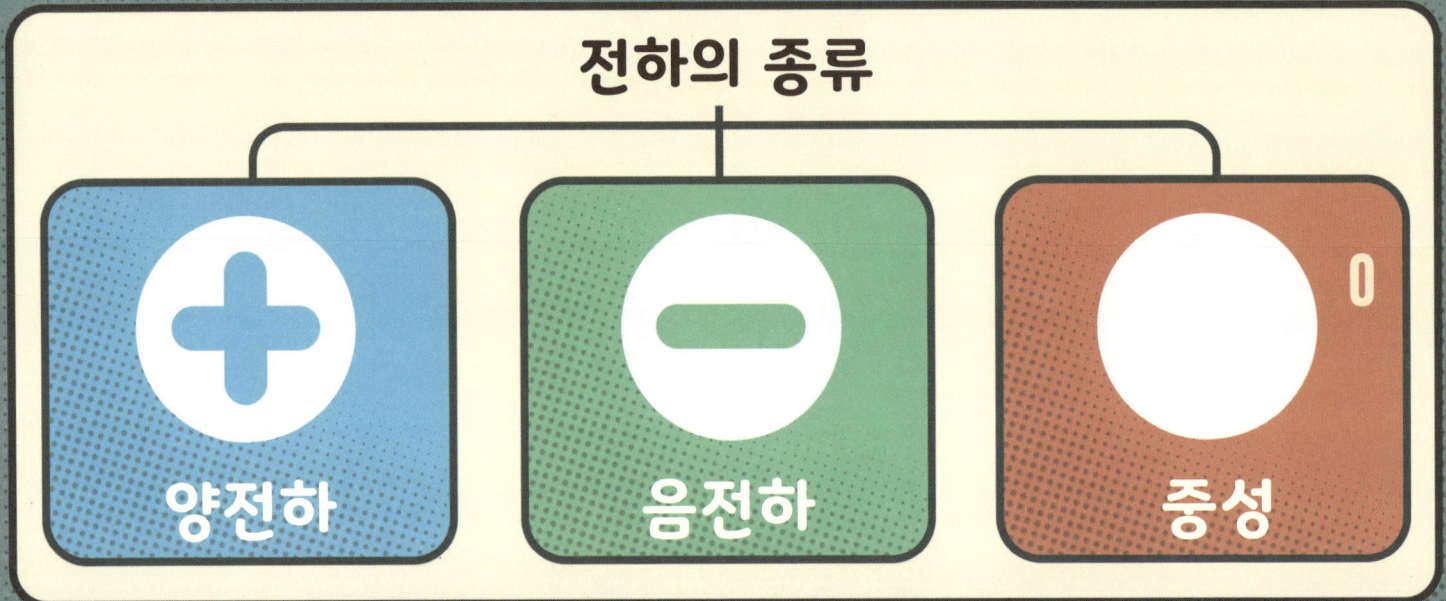

전하 개념을 맨 처음 생각한 사람은 미국 과학자 벤저민 프랭클린(1706~1790)이에요. 프랭클린은 실험을 거듭한 끝에 이 개념을 생각해 냈어요.

자, 그러면 프랭클린이 한 실험을 우리도 똑같이 해 보기로 해요. 유리 막대 2개, 호박(또는 플라스틱) 막대 2개, 실크 손수건 한 장이 필요해요.

 막대 2개를 나란히 놓으면 아무 일도 일어나지 않아요. 그 사이에는 아무 힘도 전달되지 않아요. 그러나 종류가 다른 막대들을 실크 손수건에 대고 문지르면, 어떤 일이 일어날까요?

한 유리 막대를 실크 손수건에 대고 문지르고 나서 손수건과 유리 막대를 서로 가까이 가져가면, 둘 사이에 끌어당기는 힘이 작용해요.

한 호박 막대를 실크 손수건에 대고 문지르고 나서 손수건과 호박 막대를 서로 가까이 가져가면, 이 둘 사이에도 끌어당기는 힘이 작용해요.

두 유리 막대를 실크 손수건에 대고 문지르고 나서 두 막대를 서로 가까이 가져가면, 둘 사이에 서로 밀어 내는 힘이 작용해요.

두 호박 막대를 실크 손수건에 대고 문지르고 나서 두 막대를 서로 가까이 가져가면, 이 둘 사이에도 서로 밀어 내는 힘이 작용해요.

이와 달리 실크 손수건에 대고 문지른 유리 막대와 호박 막대를 서로 가까이 가져가면, 둘 사이에는 서로 끌어당기는 힘이 작용해요.

이 실험들로 프랭클린은 다음과 같은 결론을 얻었어요.

물질의 성질 중에는 전하라는 것이 있는데, 이것으로 전기 현상을 설명할 수 있다.

전하는 전기적 **중성** 물체에서 나온 게 분명하다. 처음에는 없던 전하가 물체들끼리 서로 문지른 뒤에야 나타났기 때문이다.

전하는 다음과 같이 부호가 정반대인 두 종류가 있다.

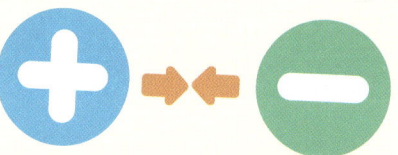

전하는 다음과 같은 방식으로 다른 전하에 힘을 미친다.

전하의 부호가 서로 정반대이면,
서로 끌어당기는 힘이 작용한다.

전하의 부호가 서로 똑같으면,
서로 밀어 내는 힘이 작용한다.

그런데 문지르기 전에는 유리나 호박(또는 플라스틱) 또는 실크에 전하가 전혀 없었는데, 이 전하는 도대체 어디서 나왔을까요?

입자와 전하

우리와 우리 주변의 모든 물질은 거의 다 원자로 이루어져 있어요.

원자는 모든 물질의 기본 구성 입자예요. 그런데 원자는 다시 양성자와 중성자, 전자라는 더 작은 입자들로 이루어져 있어요.

이것들은 모든 것을 만드는 벽돌과 같아요. 우리의 머리카락과 코끝, 화성 같은 행성, 우리가 숨 쉬는 공기에 이르기까지 모든 것은 이 입자들이 모여서 만들어졌어요.

원자

양성자와 중성자는 질량이 서로 비슷하며, 원자핵 속에 들어 있어요.

전자는 아주 가벼운 입자로, 원자 속에서 원자핵 주위를 돌고 있어요. 전자의 질량은 양성자나 중성자에 비하면 약 2000분의 1밖에 안 돼요.

원자는 정말로 아주 작아요. 물 한 방울 속에는 약 10,000,000,000,000,000,000,000개(1조 개의 10억 배)의 원자가 들어 있어요.

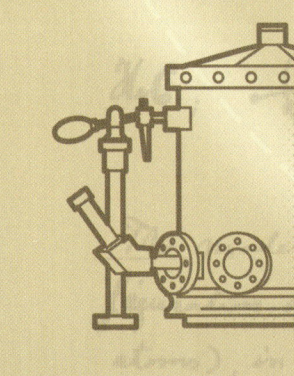

최초로 전자의 전하(기본 전하)를 측정하는 실험을 한 사람은 미국의 물리학자 로버트 밀리컨(1868~1953)이에요.

이것처럼 생긴 장비를 사용해 측정했지요!

앞에서 보았듯이, 전하는 물질의 고유한 성질이에요.
물질에 따라 전하가 있는 것도 있고 없는 것도 있어요.

그러나 입자에 전하를 추가하거나 제거할 수는 없어요. 각 입자는 고유한 전하를 갖고 있어요.

양성자는 **양전하**를 갖고 있어요.

원자핵

중성자는 전하가 없어요. 그래서 전기적으로 **중성**이기 때문에 중성자라고 불러요.

전자와 양성자가 지닌 전하의 크기는 똑같지만, 전하의 부호는 정반대예요.

그래서 서로 끌어당겨요.

전자는 **음전하**를 갖고 있어요.

전자의 전하는 세상에 존재하는 전하 중 가장 작아요. 그래서 전자의 전하를 **기본 전하**라 부르고, 'e'라는 기호로 나타내요.

어떤 물체가 지닌 전하량은 다수의 기본 전하가 합쳐진 것이에요. 예를 들면, 물체의 전하량은 다음과 같은 값을 가질 수 있어요.

$q = -2e$ $q = +10e$ $q = -1\,000\,000\,e$

여기서 'q'는 그 물체가 가진 전하량을 나타내요.

13

편극

원자를 이루는 전자와 양성자 수가 똑같으면, 양전하와 음전하가 균형을 이루어 그 원자의 전체 전하는 0이에요. 이런 원자를 중성 원자라고 해요.

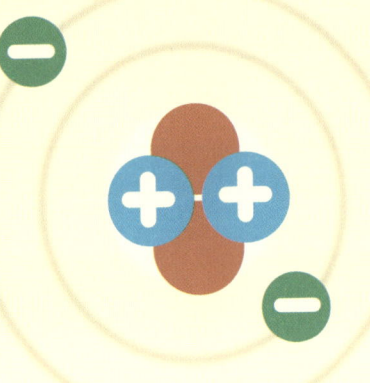

이 균형이 깨질 때 편극이 일어나요.

원자가 전자를 더 얻거나 잃으면 이온이 됩니다.

여기는 양성자보다 전자가 많네.

여기는 전자보다 양성자가 많네.

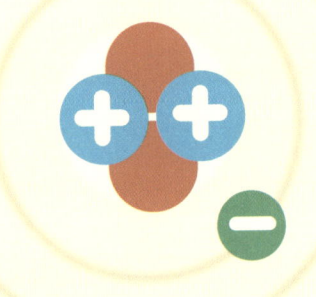

전자를 더 얻은 원자는 음전하를 갖게 됩니다.

(그래서 음이온이 되지요.)

전자를 잃은 원자는 양전하를 갖게 됩니다.

(그래서 양이온이 되지요.)

이제 우리는 전하가 원자에서 나온다는 사실을 알았으므로, 앞에서 한 실험을 더 잘 이해할 수 있어요.

유리 막대를 실크 손수건으로 문지르면, 일부 전자가 유리에서 실크로 옮겨 갑니다.

이제 두 물질 모두 전하를 띠어요. 유리 막대는 전자를 잃고 양전하 +q 를 띠어요. 그러나 실크 손수건은 전자(유리 막대에서 온 전자)를 더 얻어 음전하 -q 를 띱니다.

그런데 호박 막대를 실크 손수건으로 문지르면, 정확하게 정반대의 일이 일어나요. 이번에는 실크에서 호박으로 전자가 옮겨 가요. 그래서 실크는 양전하 +q 를 띠고, 호박은 음전하 -q 를 띠게 됩니다.

유리와 호박과 실크의 원자들은 실제로는 이렇게 생기지 않았지만, 이해하기 쉽도록 이런 모양으로 나타냈어요.

이런 종류의 전하는 마찰을 통해 생겨납니다.

도체와 부도체(절연체)

금속처럼 일부 전자가 원자에서 벗어나 자유롭게 움직일 수 있는 물질이 있어요. 이런 물질을 **도체**라고 불러요.

이와 달리 나무나 플라스틱처럼 모든 전자가 원자에 붙들려 있어 자유롭게 움직이지 못하는 물질도 있어요. 이런 물질을 **부도체** 또는 **절연체**라고 불러요.

모든 전자가 물질 속에서 자유롭게 움직일 수 있는 것은 아니에요.

전하는 보존된다!

앞에서 보았듯이, 원자 속에는 전자와 양성자가 똑같은 수만큼 들어 있어요. 그래서 전체 전하는 '0'이 되어 그 원자는 중성 원자가 되지요.

어떤 물체(예컨대 유리 막대)에서 전자를 10개 제거한다면, 그 물체는 $q=+10e$인 양전하를 띠게 됩니다(여기서 q는 전하량을 가리켜요).

유리 막대에서 제거한 전자 10개는 어디로 갈까요? 이런, 그 전자들은 실크 손수건으로 옮겨 갔네요. 그래서 실크 손수건은 $q=-10e$인 음전하를 띠게 되지요.

전체 q = 유리 q + 실크 q = $+10e$ $-10e$ = 0

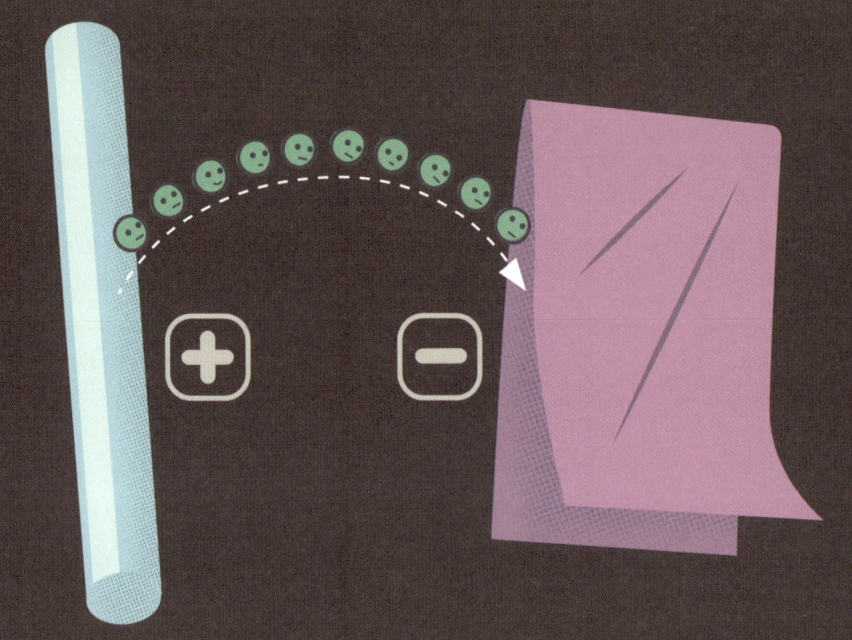

전하 보존의 법칙

전하의 총량은 변함없이 항상 일정해요.

벤저민 프랭클린은 실험을 통해 전하가 보존된다는 사실을 알아냈어요.

물체는 중성을 유지하는 경향이 있어요. 두 물체를 서로 문지를 때, 한쪽에서 다른 한쪽으로 전자가 옮겨 가 두 물체가 다 전하를 띠게 되는데, 한쪽은 양전하를, 다른 쪽은 음전하를 띠게 되죠.

편극이 일어나는 과정에서 전체 전자와 양성자의 수는 변하지 않아요. 다만, 전자의 분포가 바뀔 뿐이지요.

아무것도 없던 상태에서 전하가 새로 생겨나거나 원래 있던 전하가 완전히 사라지는 일은 일어나지 않아요. 달리 표현하면, 전하는 새로 창조되거나 완전히 사라지지 않아요.

이 법칙은 몇 안 되는 우주의 보존 법칙 중 하나예요. 그래서 전하 보존 법칙은 아주 중요한 법칙이에요.

천둥의 신 토르가 전하를 더하고 빼는 셈을 하고 있어요.

전기적으로 볼 때 세상은 중성이에요. 즉, 전체 양전하와 음전하의 수가 똑같아요. 만약 누가 모든 양전하를 더한 뒤 거기서 모든 음전하를 빼는 셈을 할 수 있다면, 그 결과는 '0'이 될 거예요.

검전기

검전기는 어떤 물체에 전하가 있는지 없는지 측정하는 장비예요.

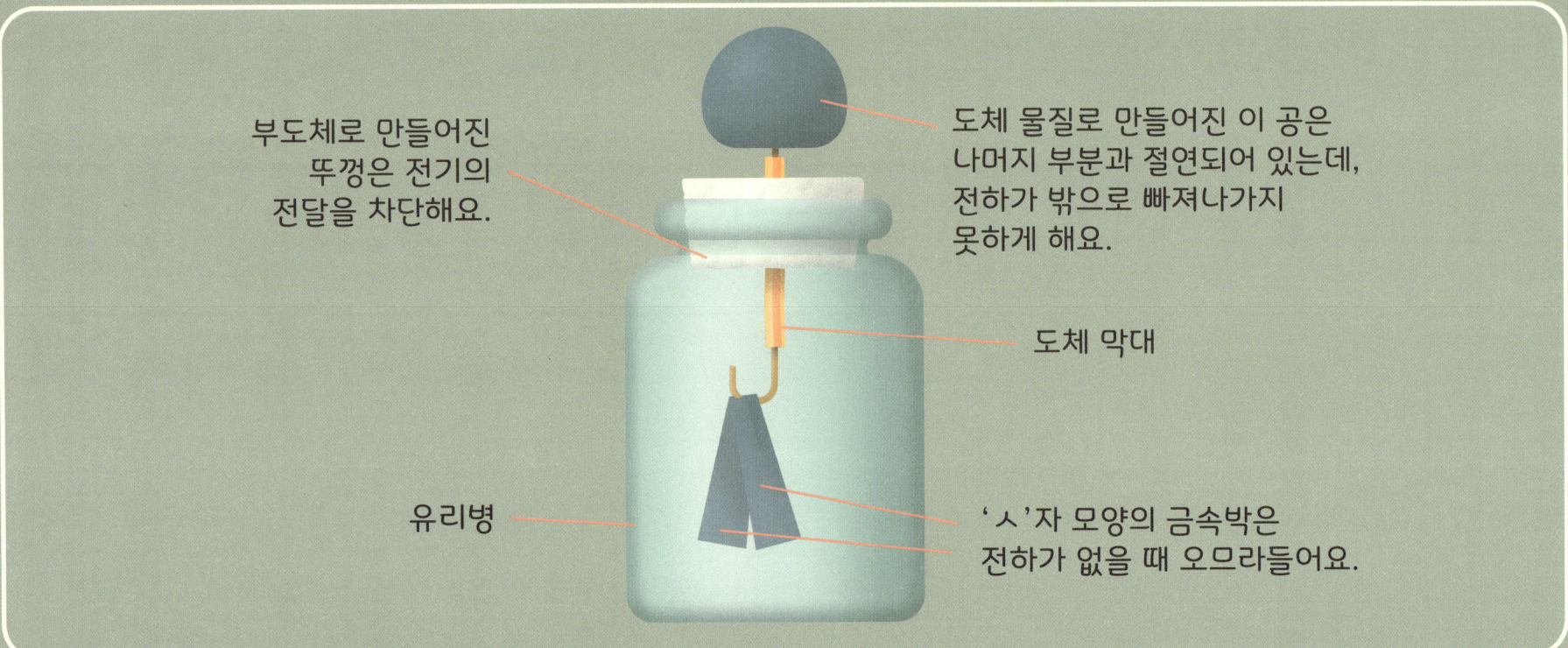

부도체로 만들어진 뚜껑은 전기의 전달을 차단해요.

도체 물질로 만들어진 이 공은 나머지 부분과 절연되어 있는데, 전하가 밖으로 빠져나가지 못하게 해요.

도체 막대

유리병

'ㅅ'자 모양의 금속박은 전하가 없을 때 오므라들어요.

마찰로 생겨난 전하

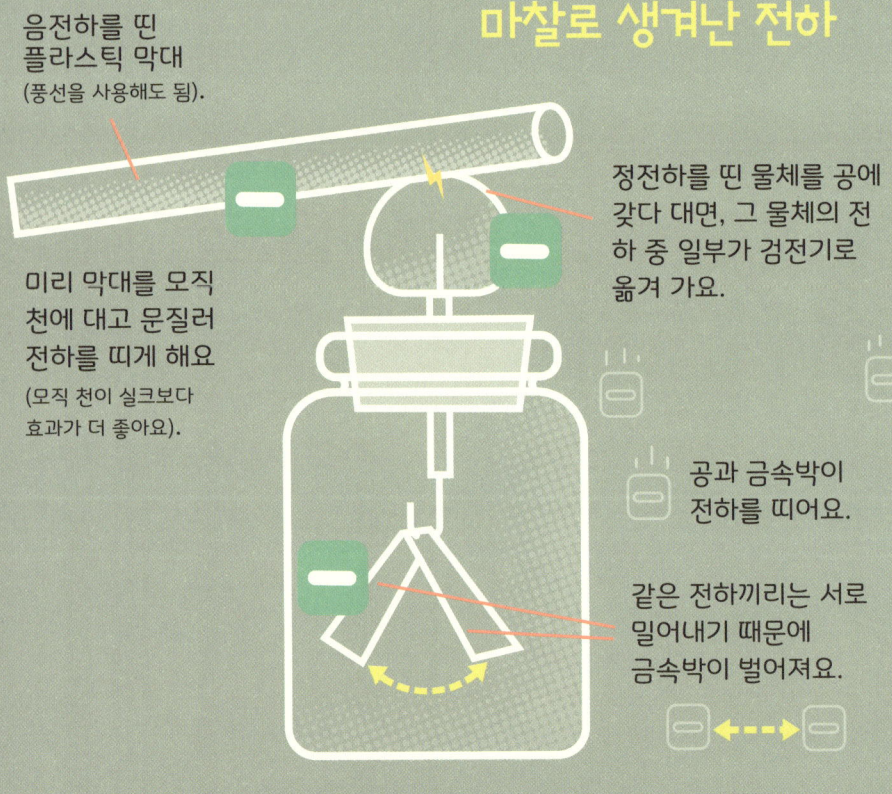

음전하를 띤 플라스틱 막대 (풍선을 사용해도 됨).

미리 막대를 모직 천에 대고 문질러 전하를 띠게 해요 (모직 천이 실크보다 효과가 더 좋아요).

정전하를 띤 물체를 공에 갖다 대면, 그 물체의 전하 중 일부가 검전기로 옮겨 가요.

공과 금속박이 전하를 띠어요.

같은 전하끼리는 서로 밀어내기 때문에 금속박이 벌어져요.

전하를 띤 물체를 떼어 내면, 검전기는 전하를 띤 상태로 머물러 있어요. 그러나 다른 중성 물체를 공에 갖다 대면, 검전기는 전하를 모두 잃고 다시 중성으로 돌아가요 (금속박은 다시 오므라들어요).

정전기 유도로 생겨난 전하

음전하를 띤 플라스틱 막대를 공에 가까이 가져가기만 해도 금속박이 벌어져요.

이 경우에는 막대가 공에 닿지 않아 막대의 전자가 직접 검전기로 전달되지 않았기 때문에, 이 전하는 정전기 유도를 통해 생겨났어요.

이런 일이 일어나는 것은, 막대를 공에 가까이 가져갈 때 자유 전자들이 음전하에 밀려나면서 움직이기 때문이에요.

꼭대기에 있는 공은 양전하를 띠게 되고, 금속박은 음전하를 띠게 됩니다. 그래서 같은 전하를 띤 금속박이 벌어지죠.

막대를 공에서 떨어뜨리면, 전자들이 도체 주위로 퍼져 나가고, 금속박이 다시 오므라들어요.

검전기 직접 만들기

여러분도 집에서 직접 검전기를 만들 수 있어요.

준비물은 무엇인가요?

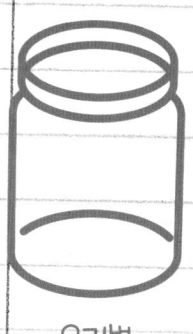
유리병
(예컨대 피클 병)

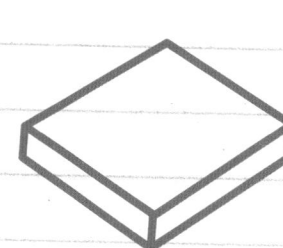
폴리스티렌 조각

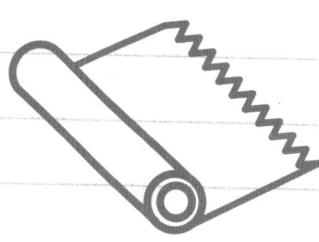
알루미늄 포일

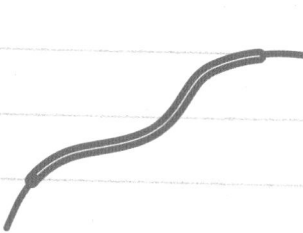
구리선
(양 끝을 잘라낸 전선을
사용해도 됨)

❶ 폴리스티렌을 잘라 유리병 꼭대기에 딱 맞는 모양으로 만든다.

❷ 알루미늄 포일을 잘라 금속박을 두 개 만든다.

❸ 알루미늄 포일을 구겨 공 모양으로 만든다.

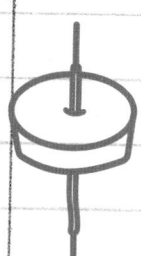

❹ 구리선을 폴리스티렌에 통과시킨다.

❺ 구리선 끝에 금속박을 'ㅅ'자 모양으로 매단다.

❻ 전선 꼭대기 부분에 알루미늄 포일 공을 올려놓는다.

❼ 폴리스티렌 뚜껑을 유리병에 끼운다. 뚜껑은 빈틈이 없이 유리병에 딱 맞아야 한다.

자, 이제 검전기가 완성되었어요!

풍선을 이용한 실험

자, 이제 전기를 이용해 재미있는 실험을 해 보아요.

이 실험들을 하려면, 먼저 크게 부풀린 풍선을 머리카락에 대고 문질러 풍선에 여분의 전자(여러분의 머리카락에 있던 전자)가 옮겨 가야 해요. 그러면 풍선은 음전하를 띠게 되지요.

머리카락 곤두서게 하기

전하를 띤 풍선을 머리 가까이 가져가면, 머리카락이 삐죽 곤두설 거예요.

종이 사냥

식탁 위에 종잇조각을 여러 개 흩어 놓으세요. 전하를 띤 풍선을 가까이 가져가면, 종잇조각이 풍선에 끌려와 달라붙을 거예요.

직접 만든 검전기 시험하기

전하를 띤 풍선을 알루미늄 포일 공에 가까이 가져가면, 금속박이 벌어질 거예요. 만약 풍선을 공에 갖다 댔다가 다시 떼어 내더라도, 금속박은 여전히 벌어진 채로 있을 거예요. 왜냐하면 검전기가 전하를 띤 상태를 그대로 유지하기 때문이지요.

두 전하 사이의 전기력

프랑스의 물리학자이자 수학자인 샤를-오귀스탱 드 쿨롱(1736~1806)은 전기를 연구했어요.

쿨롱은 실험을 통해 두 전하 사이에 '전기적' 힘이 존재한다는 사실을 발견했어요. 두 전하 사이에 작용하는 이 힘은 두 전하 사이의 직선거리를 통해 전달됩니다.

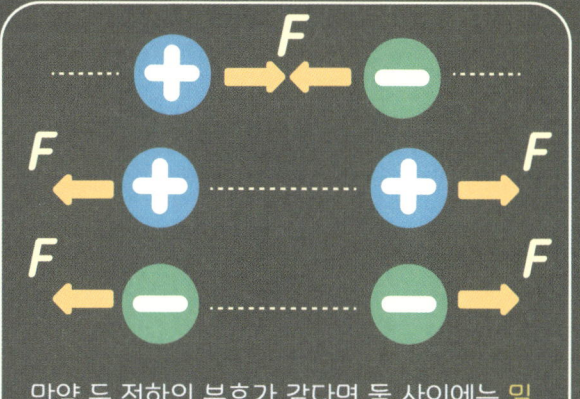

만약 두 전하의 부호가 같다면 둘 사이에는 밀어 내는 힘이 작용해요. 반대로 두 전하의 부호가 반대라면 끌어당기는 힘이 작용해요.

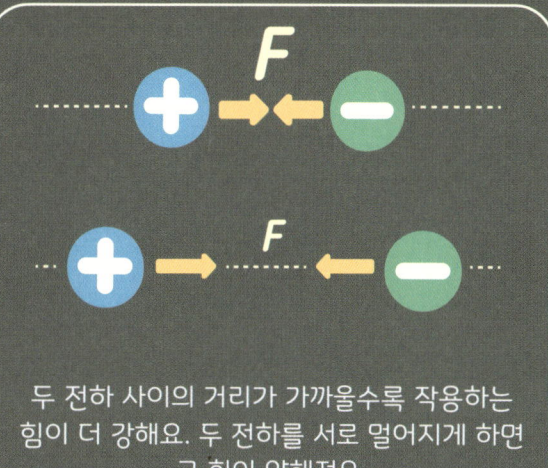

두 전하 사이의 거리가 가까울수록 작용하는 힘이 더 강해요. 두 전하를 서로 멀어지게 하면 그 힘이 약해져요.

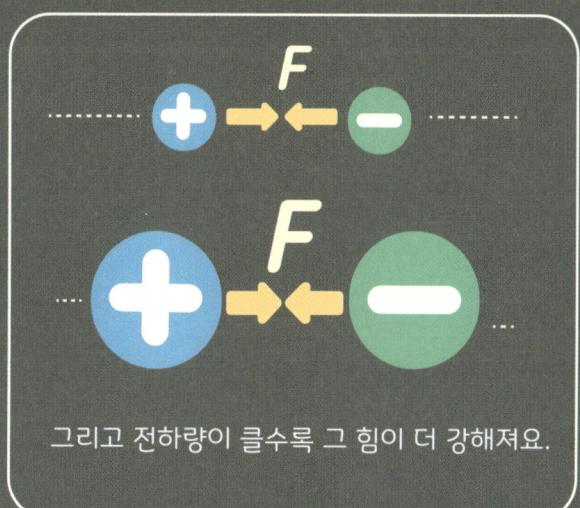

그리고 전하량이 클수록 그 힘이 더 강해져요.

전하의 전기장

전기력이 먼 곳까지 미친다는 것(원격 작용)은 정말 믿기 힘든 사실이에요. 직접 닿아 있지 않은 두 전하 사이에 전기력이 작용한다는 사실을 이해하려면, 이렇게 상상해 보세요. 한 전하 주위에 어떤 공간 지역이 있는데, 그 공간에 다른 전하가 들어가면, 서로 닿아 있지 않은데도 두 번째 전하가 첫 번째 전하에 힘을 미치게 돼요.

이 공간 지역을 전기장이라고 하는데, 'E'라는 기호로 나타내지요.

전기장은 역선(力線)으로 나타낼 수 있어요.

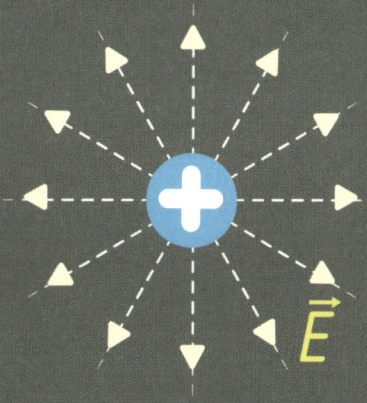

양전하 주위에서는 역선이 밖으로 뻗어 나가요.

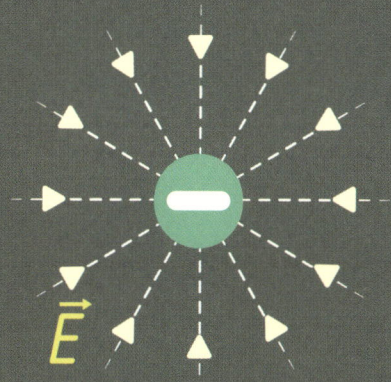

음전하 주위에서는 역선이 안쪽으로 들어와요.

전류

전류는 물질 내부에서 전하가 움직일 때 생겨나요.

물질 내부에서 움직이는 전하는 대개 자유 전자예요. 자유 전자를 움직이게 하려면, 무언가가 전자를 끌어당기거나 밀어야 해요.

앞에서 보았듯이, 같은 전하끼리는 끌어당기고, 반대 전하끼리는 밀어 내요.

금속 전선(예컨대 구리 전선) 내부에서 전자를 움직이게 하려면, 한쪽 끝에는 양전하를 두고 반대쪽 끝에는 음전하를 두어야 해요.

그러면 (음전하를 가진) 전자들이 양전하로부터 끌어당기는 힘을 받는 동시에 음전하로부터 밀어 내는 힘을 받아요. 그래서 전선 내부에서 돌아다니게 되죠. 이렇게 해서 전류가 생겨나는 거예요.

전기 회로

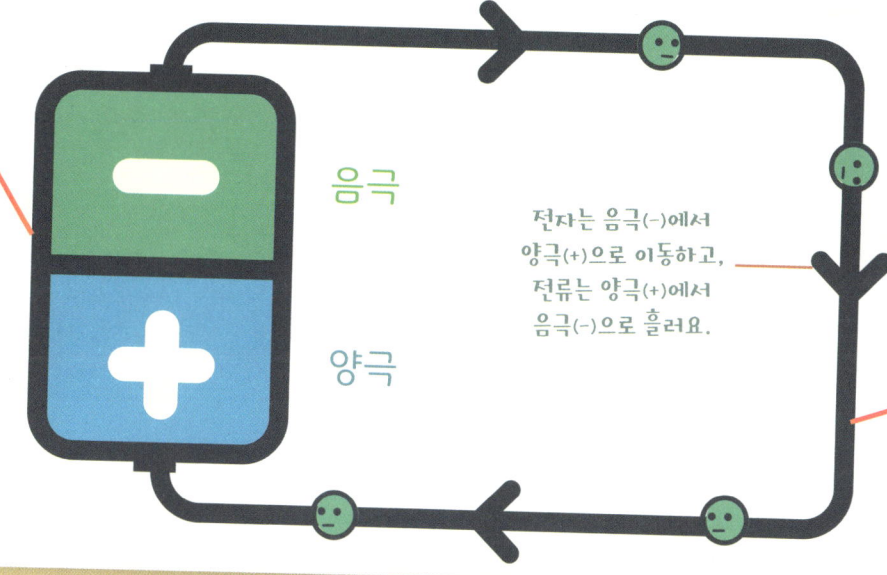

전압 발생기

전압 발생기는 한쪽 극에서는 음전하를, 반대쪽 극에서는 양전하를 만들어 내요. 예컨대 전지나 플러그 같은 것이 전압 발생기가 될 수 있어요.

전자는 음극(-)에서 양극(+)으로 이동하고, 전류는 양극(+)에서 음극(-)으로 흘러요.

전류는 도체를 통해 전달됩니다.
(◎15쪽 참고)

전압

전압은 전류를 만들어 내요.

전기 회로의 양쪽 극에 양전하와 음전하가 더 많이 쌓일수록 전자들이 전기 회로를 더 빨리 돌아요. 그럴수록 양극이 끌어당기는 힘과 음극이 밀어 내는 힘이 더 강해져요. 그래서 전류도 더 많이 흐르게 되지요.

플러그를 꽂는 콘센트에는 전압이 아주 높은 전류가 흘러. 그러니까 괜히 호기심에서 손가락을 집어넣을 생각은 절대로 하지 말도록!

전압은 양극과 음극에 생긴 양전하와 음전하의 차이에서 생겨나요. 즉, 두 점 사이의 전기적 에너지의 차이에 해당하죠. 전자가 얻는 에너지는 바로 전압에 의해 결정돼요.

전지

전지는 종류와 크기가 아주 다양하고, 휴대 전화, 손전등, 자동차 배터리 등 온갖 곳에 쓰여요. 전지는 간편하게 전기 에너지를 얻을 수 있는 장치예요.

전지는 화학 에너지를 저장했다가 전류로 바꾸는 장치예요.

화학 전지는 화학 반응을 사용해 전기 에너지를 얻어요.

화학 전지를 만들려면, 예컨대 구리(Cu)와 알루미늄(Al) 같은 두 화학 원소와, 전기를 전달하는 액체(이것을 '전해질'이라고 불러요)가 필요해요. 우리 실험에서는 소금물을 전해질로 사용할 거예요.

두 금속판을 연결하면, 알루미늄(Al) 원자가 전자를 잃는데, 이 전자는 전선을 따라 이동해 구리(Cu) 원자로 갑니다.

전하는 전해질을 통해 계속 움직이는데, 그래서 전기 회로가 완성되어요.

두 금속 사이에 흐르는 전자의 움직임이 **전류**를 만들어 냅니다.

어떤 전지는 많은 화학 전지를 결합해 만들어요.

조금 더 복잡하긴 하지만 단 하나의 화학 전지만으로 만들어진 전지도 있어요.

⚙ 전지 직접 만들기

1800년, 이탈리아의 물리학자 알레산드로 볼타는 볼타 전지를 세상에 소개했어요. 이것은 구리 원판과 아연 원판을 차례로 쌓고, 원판들 사이에 소금물을 적신 마분지 조각을 끼워 넣어 만든 세계 최초의 전지였어요. 전지의 양쪽 극을 연결하자, 전류가 생겨났어요.

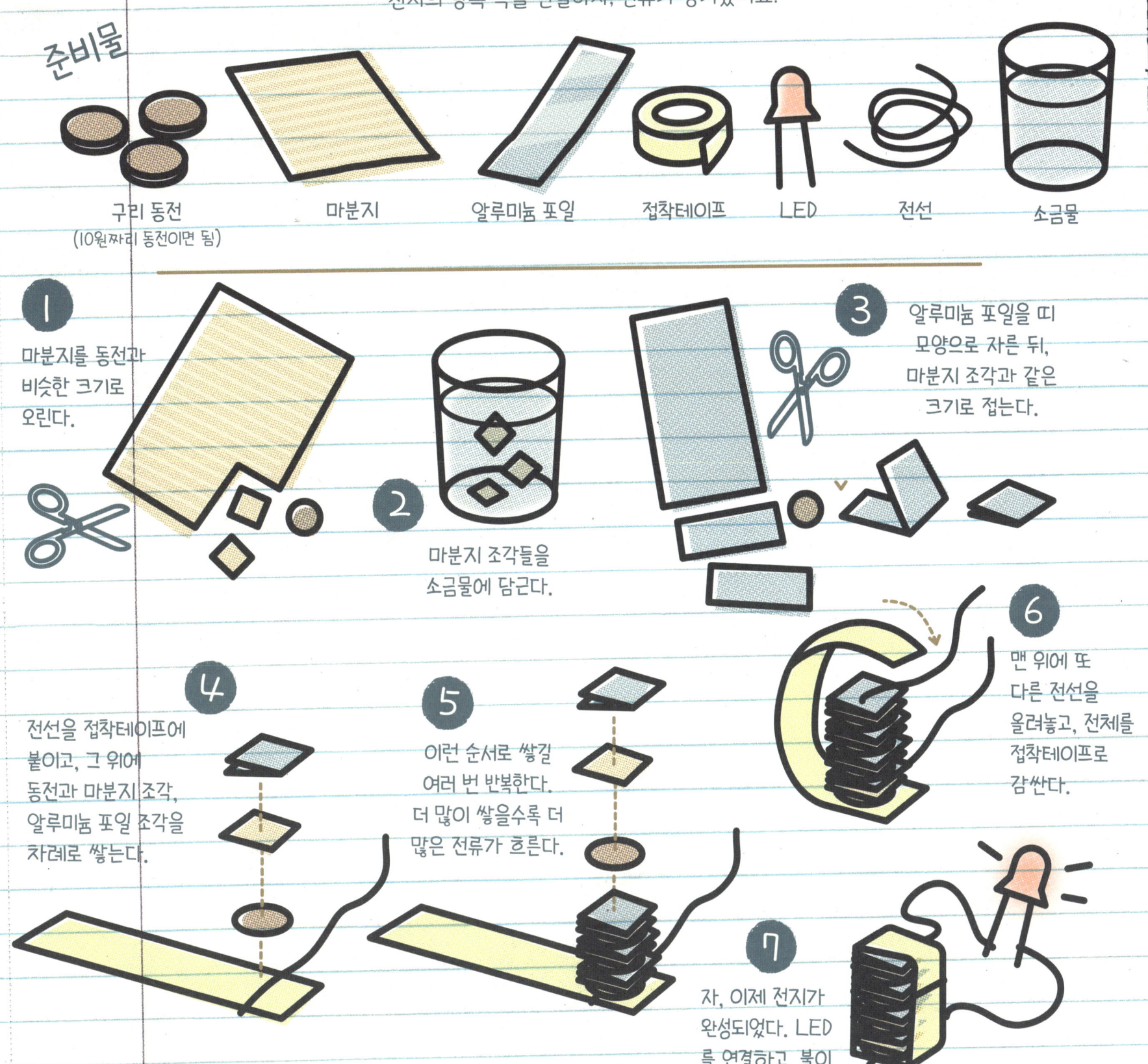

준비물
- 구리 동전 (10원짜리 동전이면 됨)
- 마분지
- 알루미늄 포일
- 접착테이프
- LED
- 전선
- 소금물

1 마분지를 동전과 비슷한 크기로 오린다.

2 마분지 조각들을 소금물에 담근다.

3 알루미늄 포일을 띠 모양으로 자른 뒤, 마분지 조각과 같은 크기로 접는다.

4 전선을 접착테이프에 붙이고, 그 위에 동전과 마분지 조각, 알루미늄 포일 조각을 차례로 쌓는다.

5 이런 순서로 쌓길 여러 번 반복한다. 더 많이 쌓을수록 더 많은 전류가 흐른다.

6 맨 위에 또 다른 전선을 올려놓고, 전체를 접착테이프로 감싼다.

7 자, 이제 전지가 완성되었다. LED를 연결하고, 불이 들어오는지 관찰하라.

자기

자기는 어떤 물질들이 서로 끌어당기거나 밀어 내는 자연 현상이에요.

여러분은 자석을 가지고 놀아 본 적이 있을 거예요.

자석은 쇠 같은 금속이나 다른 자석을 '멀리서' 끌어당기는 물체예요.

천연 자석

기원전 800년 무렵에 고대 그리스의 마그네시아[영어로 자기를 (magnetism)이라고 하는데, 이 단어는 마그네시아에서 유래했어요]에는 철을 끌어당기는 암석이 있다고 알려졌어요. 그 천연 암석을 자석이라고 불렀는데, 자성을 가진 광물인 자철석이 주성분이었어요.

그리스 철학자 탈레스 (기원전 624?~기원전 546?)는 전기(◉13쪽 참고)뿐만 아니라 자기 현상도 연구했어요.

자석

자석에는 북극(N극)과 남극(S극)이 있어요.

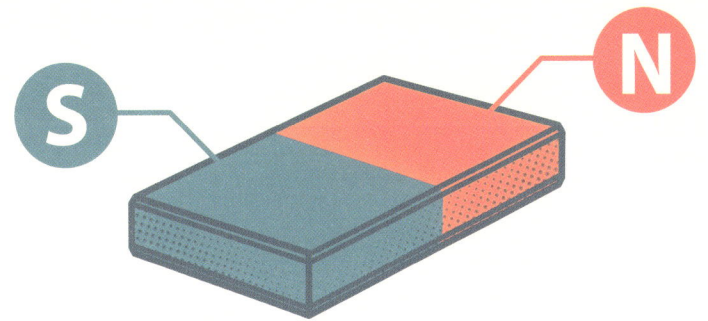

두 자석의 거리가 가까울수록 그 사이에 작용하는 힘이 더 커요.

두 자석을 N극이든 S극이든 같은 극끼리 가까이 가져가면, 둘 사이에 밀어 내는 힘이 작용해요.
이와 달리, 반대 극끼리 가까이 가져가면, 둘 사이에 끌어당기는 힘이 작용해요.

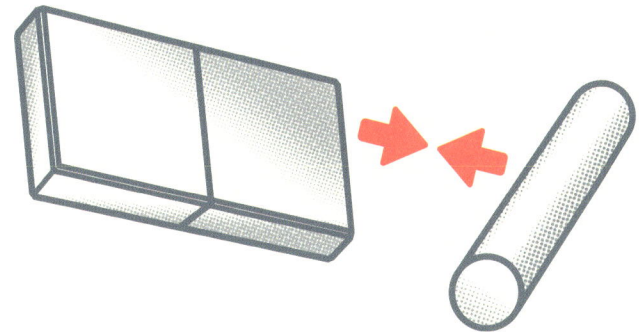
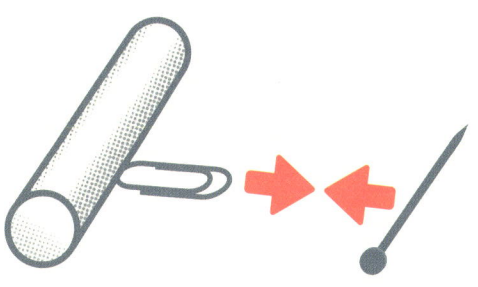

자석을 쇳조각에 가까이 가져가면, 자석의 두 극 중 어느 쪽을 쇳조각으로 향하든지 상관없이 자석과 쇳조각은 서로 끌어당겨요.

쇳조각은 자석에 영향을 받아 일시적으로 자석으로 변하고, N극과 S극도 생겨요. 또 다른 쇳조각을 끌어당길 수도 있어요.

앞에서 보았듯이, 전하를 띤 입자는 양전하와 음전하 중 오직 한 종류의 전하만 띨 수 있어요.

그러나 자석은 오직 한 종류의 극만 가질 수가 없어요. 언제나 N극과 S극, 두 극을 다 가지지요.

이 성질 때문에 자석에는 기묘한 일이 일어납니다. 한 자석을 둘로 쪼개면, 각각 N극과 S극을 가진 자석이 두 개 생겨요.

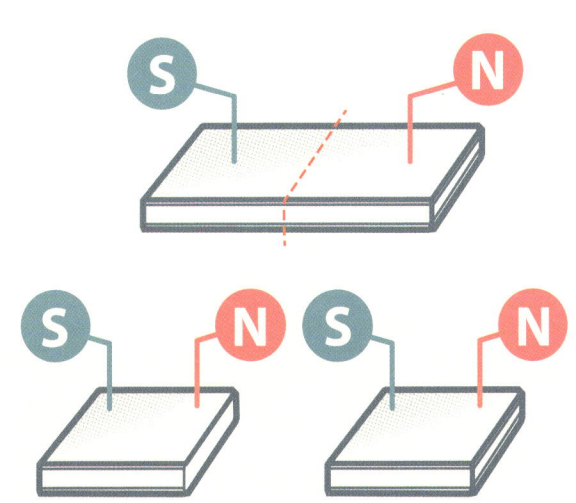

자석의 자기장

 철 가루를 사용한 실험

▶ 종이 위에 철 가루를 쏟아 놓으세요. 철 가루는 고르게 분포하지 않아도 괜찮아요.

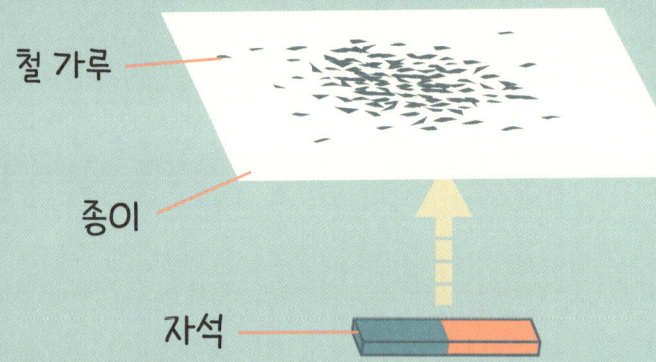

철 가루
종이
자석

▶ 종이 밑에 자석을 가져가면, 아주 기묘한 일이 일어납니다.

▶ 자석을 갖다 대면, 아무렇게나 흩어져 있던 철 가루들이 재배열되면서 어떤 형태를 띠게 되죠. 이 그림에서 보는 것과 비슷한 모양으로요.

S

철 가루는 자석의 자기장을 이루는 역선(자기력선)들을 보여 줍니다.

이 형태는 철 가루에 영향을 미치는 자기력이 어떻게 작용하는지 보여 줍니다.

자기력선이 촘촘한 곳은 자기장이 강한 곳이고, 자기력선이 듬성듬성한 곳은 자기장이 약한 곳이에요.

자기력선은 N극에서 S극으로 뻗어 가요.

자기력선은 자석에서 생겨나는데, 비록 눈에 보이지 않지만 그곳에 항상 존재하고 있어요. 이 실험에서 철 가루는 그 자기력선이 어디에 있는지 보여 주지요.

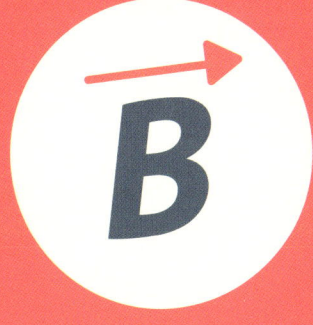

자석이 다른 자석이나 움직이는 전하에 영향력을 미치는 공간 (자기력선으로 표시되는 공간)을 **자기장** 이라고 불러요. 자기장은 *B*라는 기호로 나타내요.

지구는 거대한 자석

지구의 내부는 자석처럼 행동하면서 **지구 자기장**을 만들어 내요.

모든 자석과 마찬가지로 지구 자기장도 N극과 S극이 있는데, 그 위치는 지구의 자전축 가까이에 있어요.

지구 자기장을 만들어 내는 것은 지구의 외핵이에요. 외핵은 액체 상태의 철과 니켈로 이루어져 있어요. 지구의 자전과 함께 이 금속 액체가 빙빙 돌면서 전류가 생겨나는데, 이 전류가 자기장을 만들어 내지요(◎36쪽 참고).

나침반

나침반 바늘은 자석인데, 모든 자석과 마찬가지로 자기장 속에 두면 일정한 방향을 가리켜요. 나침반 바늘은 지구 자기장의 영향으로 항상 똑같은 방향을 가리키는데, 지구의 자북극을 가리키지요.

나침반 바늘은 항상 자북극을 향해요. 그래서 나침반은 방위를 알려 주는 장비로 쓰여요.

나침반을 항해에 처음 사용한 사람들은 중국인이에요.

사실, 나침반은 지구 자기장뿐만 아니라 어떤 자기장이라도 발견하는 데 쓸 수 있어요. 나침반을 자석에 가까이 가져가면, 바늘이 마구 흔들리는 걸 볼 수 있어요. 자석의 자기장에 영향을 받아 방향이 바뀌기 때문이에요. 냉장고 자석이나 스마트폰, 태블릿 PC(모두 안에 자석이 들어 있는 물체) 등에 나침반을 가까이 가져가 보세요.

자북극

지리적 북극

비록 우리는 이곳을 지구의 자북극이라고 부르지만, 자석에서는 남극에 해당하는 지점이에요. 자기력선의 방향을 보면 알 수 있어요.

만약 자북극이나 자남극에서 나침반으로 방향을 알려고 한다면 쉽지 않을 거예요. 자기력선이 자북극이나 자남극으로 모이기 때문에, 나침반 바늘은 일정한 방향을 가리키지 않고 제멋대로 빙빙 돌 거예요.

지구가 자남극과 자북극이 지리적 남극과 북극에 가까이 있는 천연 자석이라는 사실은 1600년에 윌리엄 길버트(1544-1603)가 처음 발견했어요.

자북극은 계속 움직여요!

지구에 자기장이 생긴 지는 적어도 34억 년은 되었어요. 그러나 자북극이 늘 똑같은 장소에 있는 것은 아니에요. 지구 외핵을 이루는 금속의 움직임 때문에 자북극의 위치가 계속 바뀌어요.

지구의 역사에서 일어난 한 가지 기묘한 일은 지구의 자북극과 자남극이 서로 바뀌는 사건이 반복적으로 일어난 거예요. 언젠가 미래에 또다시 그런 일이 일어날 거예요. 그러나 너무 염려할 필요는 없어요. 지자기 역전이라 부르는 이 현상은 그렇게 자주 일어나지는 않으니까요.

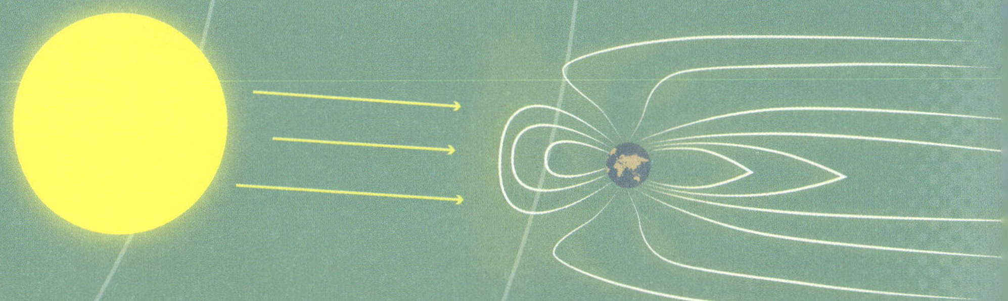

지구 자기장은 우리의 보호막이에요!

자기권은 지구 자기장이 지구를 둘러싸고 있는 층이에요. 지구 자기장은 태양에서 날아오는 태양풍(큰 에너지를 가진 입자들의 흐름)을 막는 방패 역할을 해요. 자기권은 우주에서 아주 빠른 속도로(거의 광속에 가깝게) 날아오는 고에너지 입자선인 우주선(宇宙線)도 막아 주지요.

지구 자기장의 보호가 없다면, 지구에서는 어떤 생물도 살아남기 힘들어요.

자기를 만들어 내는 전기

덴마크의 물리학자이자 화학자인 한스 크리스티안 외르스테드(1777~1851)는 실험을 하다가 전기와 자기 사이에 밀접한 관계가 있다는 사실을 발견했어요.

외르스테드는 1820년에 물리학 역사에서 아주 중요한 실험을 했어요.

전선에 전류를 흘리자, **나침반 바늘이 방향을 바꾸어** 전류가 흐르는 **전선에 대해 직각 방향으로 늘어섰어요.**

따라서 이 실험은 전선에 전류가 흐르면, 그 주위에 자기장이 생긴다는 사실을 보여 주었어요.

외르스테드는 전지에 연결된 도체 전선 가까이에 나침반을 놓아두었어요.

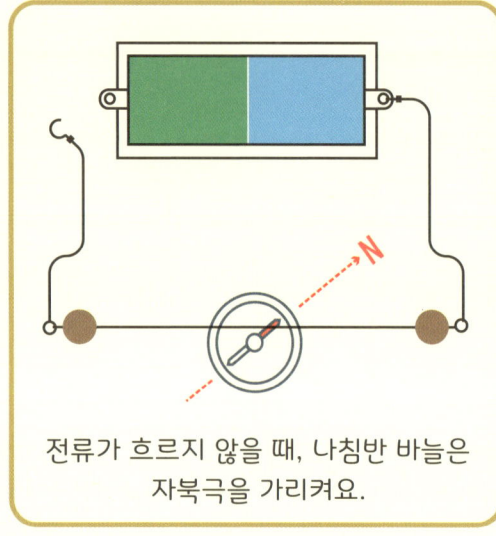

전류가 흐르지 않을 때, 나침반 바늘은 자북극을 가리켜요.

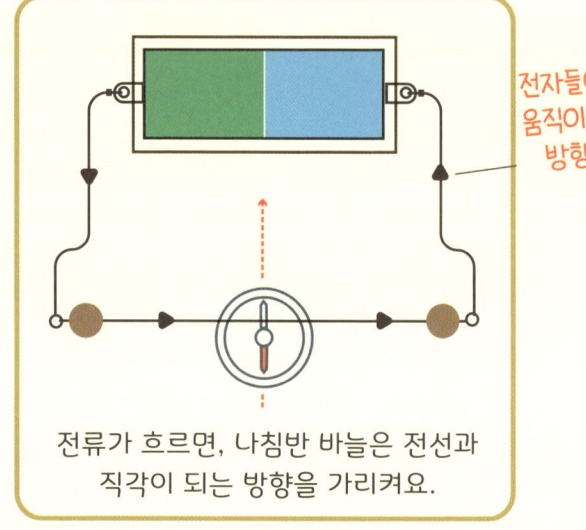

전자들이 움직이는 방향

전류가 흐르면, 나침반 바늘은 전선과 직각이 되는 방향을 가리켜요.

외르스테드의 실험은 전기와 자기 사이에 밀접한 관계가 있다는 것을 증명했어요.

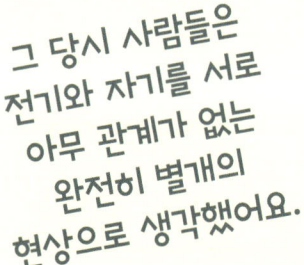

그 당시 사람들은 전기와 자기를 서로 아무 관계가 없는 완전히 별개의 현상으로 생각했어요.

이렇게 해서 전자기학이 탄생했어요!

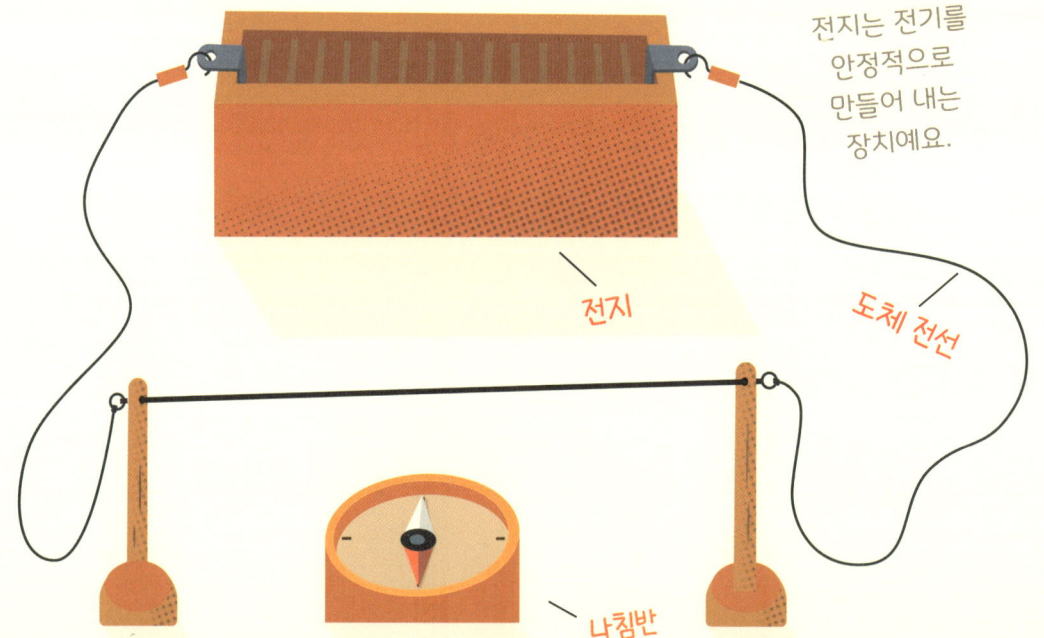

전지는 전기를 안정적으로 만들어 내는 장치예요.

전지

도체 전선

나침반

프랑스의 물리학자이자 수학자인 앙드레-마리 앙페르(1775~1836)는 외르스테드의 연구 소식을 듣고서 전기와 자기 사이의 관계에 큰 흥미를 느끼고, 전기와 자기 사이의 관계를 깊이 연구하기 시작했어요.

전지

원형으로 배열한 나침반들

실험에서 얻은 데이터를 분석해 앙페르는 전류와 전류가 만들어 내는 자기장 사이의 관계를 알아냈어요.

앙페르는 전류가 흐르는 도체 전선 가까이에 나침반을 여러 개 놓아두면, **나침반 바늘들이 가리키는 방향이 전선 주위에서 원을 그린다**는 사실을 발견했어요.

다시 말해서, **전선에 전류가 흐르면, 그 주위에 자기장이 생겨요.** 그리고 자기력선은 전선 주위에서 동심원을 그리며 뻗어 나갑니다.

앙페르는 또한 전선을 반대 방향으로 전지에 연결해 전류를 반대 방향으로 흐르게 하면, 나침반 바늘들이 가리키는 방향도 반대쪽으로 원을 그린다는 사실을 발견했어요.

도체 전선

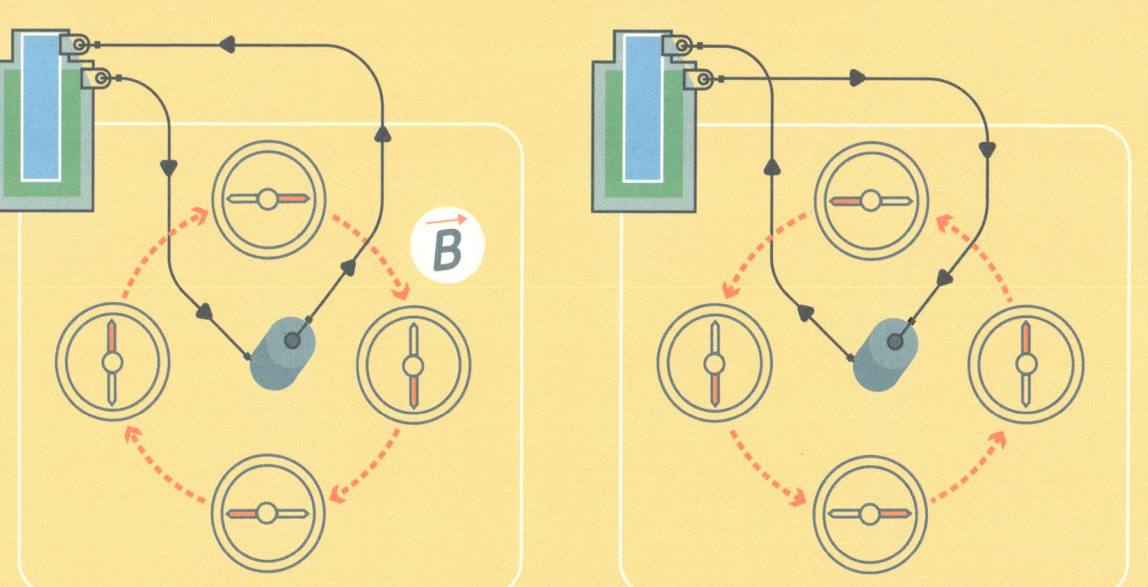

전류는 전하가 움직이는 것이라는 사실로부터 다음과 같은 결론을 얻을 수 있어요.

전하의 움직임은 자기장을 만들어 낸다.

전자석

이제 전류가 자기장을 만들어 낸다는 사실을 알았으니, **전자석은 전류가 만드는 자석**이란 사실도 이해할 수 있어요.

솔레노이드는 전선을 용수철처럼 나선 모양으로 감은 코일이에요.

만약 솔레노이드에 전류를 흘리면, 어떤 일이 일어날까요?
천연 자석 주위에 생기는 것과 비슷한 자기장이 생겨요.

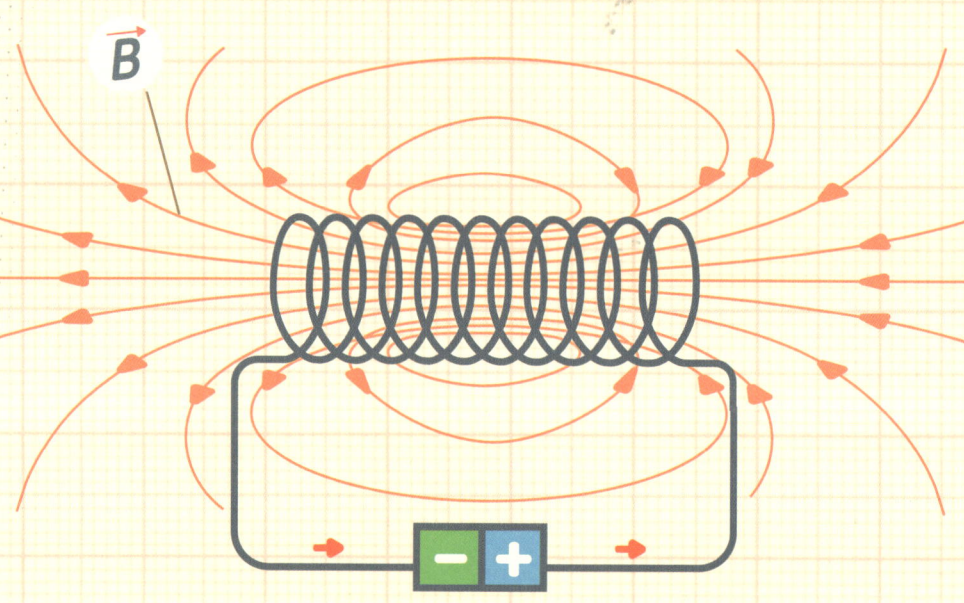

만약 외르스테드가 한 실험을 하면서 원형이나 나선형 전선에 전류를 흘리면, 다음과 같은 모양의 자기장이 생길 거예요.

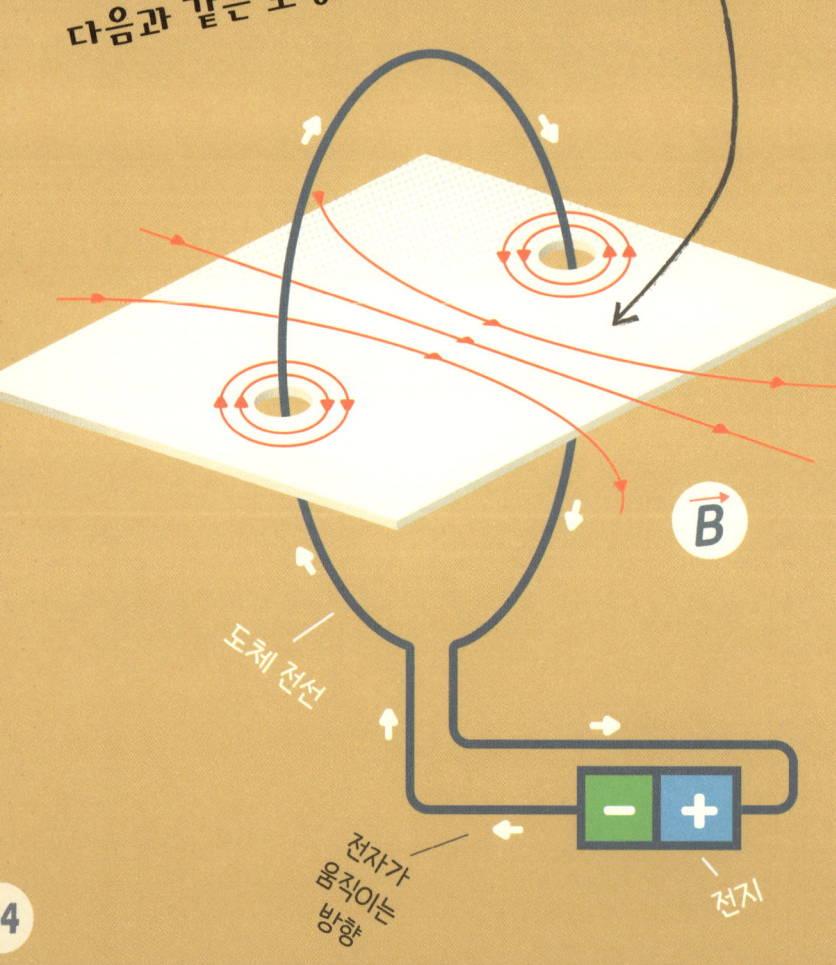

도체 전선
전자가 움직이는 방향
전지

이제 전자석이 만들어졌어요!

전류의 세기가 강할수록 전자석이 만들어 내는 자기장의 세기도 강해져요.

물론 전류를 끊으면 자기장도 사라지고요.

솔레노이드를 만드는 코일 내부에 **철심**(쇠막대)을 집어넣고 코일에 전류를 흘리면, 철심이 자성을 띠면서 **훨씬 강한 자기장**이 생겨요.

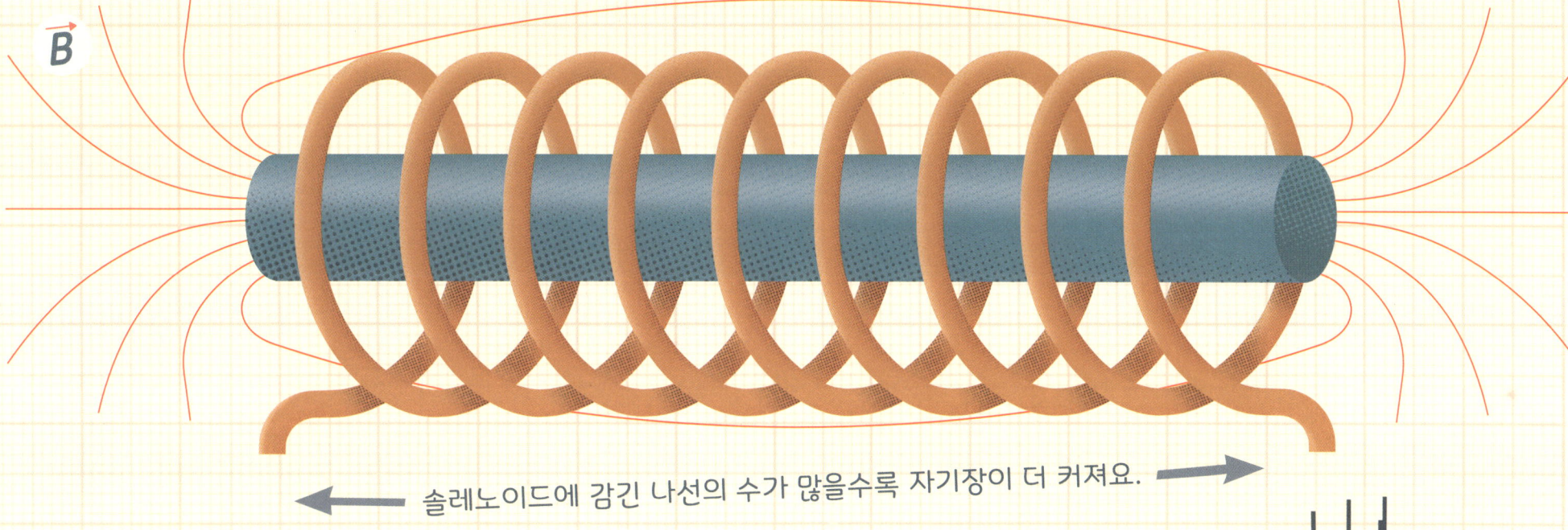

← 솔레노이드에 감긴 나선의 수가 많을수록 자기장이 더 커져요. →

전자석의 주요 장점 중 하나는 솔레노이드에 흐르는 전류의 양을 변화시킴으로써 자기장을 금방 변화시킬 수 있다는 점이에요.

전자석은 발전기와 확성기, 하드 드라이브를 비롯해 많은 전자 장비의 부품으로 쓰여요.

전자석은 철과 강철 같은 고철을 비롯해 무거운 물체를 들어 올리는 데에도 쓰여요. 또, 지면 위로 뜬 채 최대 시속 600킬로미터로 달릴 수 있는 자기 부상 열차를 움직이는 데에도 전자석이 쓰여요.

전자석은 나선의 수가 많은 솔레노이드에 많은 전류를 흐르게 함으로써 **천연 자석보다 훨씬 강한 자기장을 만들어 낼 수 있어요.**

도넛 모양 전자석

도넛 모양 전자석

전동기

전동기는 일상생활에서 자주 사용하는 많은 기계와 도구, 가전제품에 쓰여요.

전동기는 전기 에너지를 회전 운동으로 바꾸는 기계예요.

앞에서 보았듯이, 솔레노이드에 전류를 흘리면, 자기장이 생겨 **전자석**을 만들 수 있어요.

전자석을 축에 끼우고, 그 옆에 같은 극성을 가진 전자석을 놓아두면(1), 같은 극끼리 밀어내는 힘이 작용해 전자석이 돌기 시작하는데, 반대 극끼리 나란히 놓일 때까지 돌아요(2).

그때, 그 옆에 있는 전자석의 극성을 바꾸면, 마주 보는 두 극이 같은 극이 되어 다시 서로를 밀어내면서 전자석이 돌기 시작해요(3). 이렇게 연속적인 회전 운동을 얻을 수 있어요.

코일

솔레노이드에 감긴 나선의 수가 많을수록 전자석의 자기장이 더 강해져요.

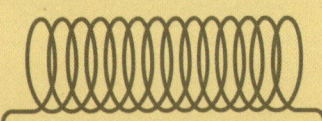

고리 형태의 전선(코일)을 나선 모양으로 촘촘하게 감아 만든 것이 솔레노이드예요. 대개는 텅 빈 원통이나 철심(자기장을

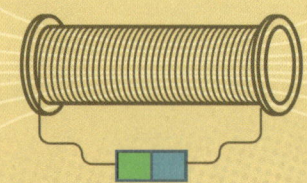

강하게 하기 위해 자성 물질로 만듦)에 도체 전선이나 케이블을 감은 것이요. 전동기에 쓰이는 전자석은 대개 코일이에요.

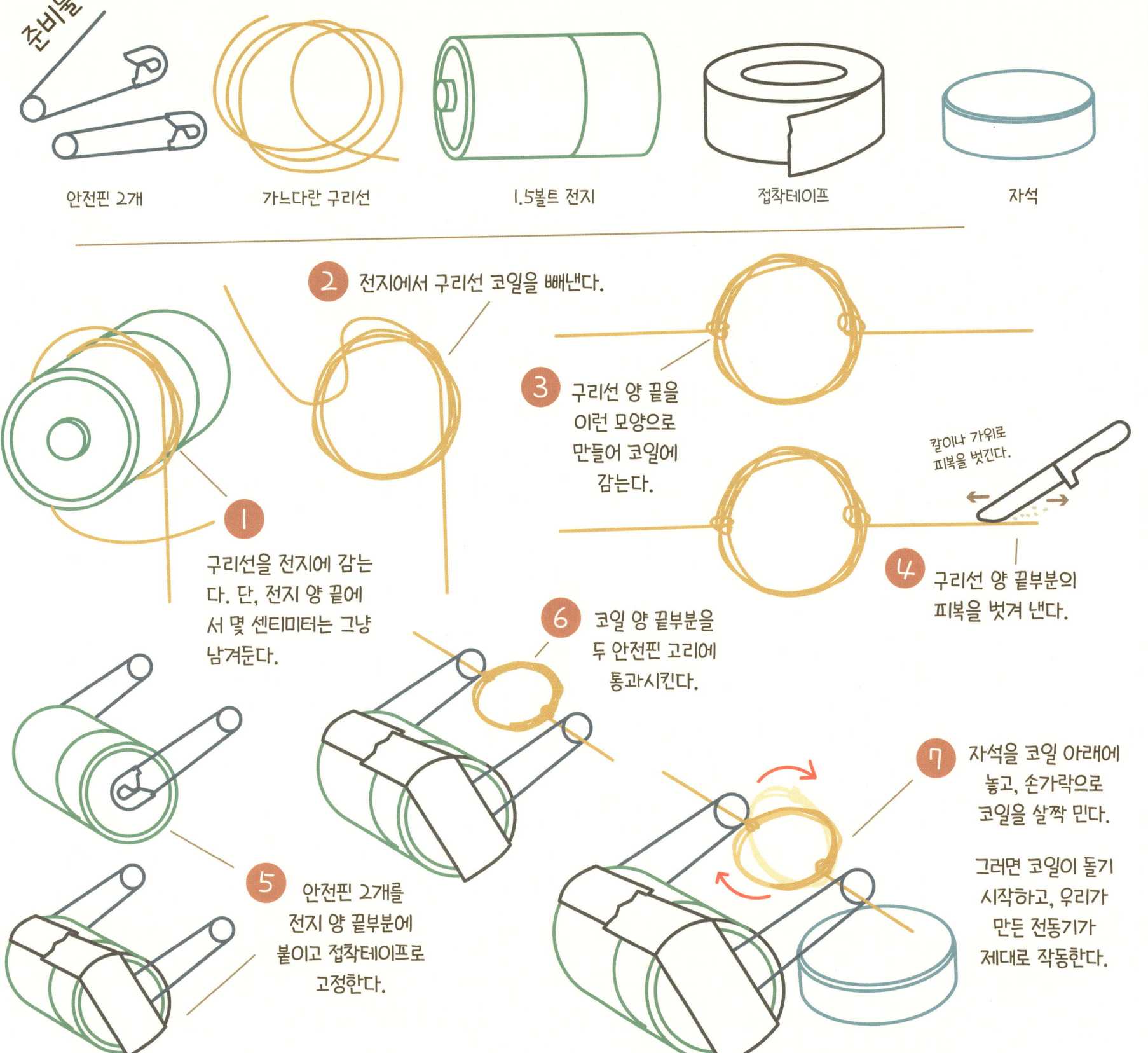

왜 어떤 물질은 자성을 띨까?

원자 속의 전하(기본적으로는 전자)는 원자핵 주위를 도는 동시에 자신도 매우 빨리 회전해요. 이 움직임이 미소 전류를 만들어 내고, 이 전류는 다시 미소 자기장을 만들어 냅니다.

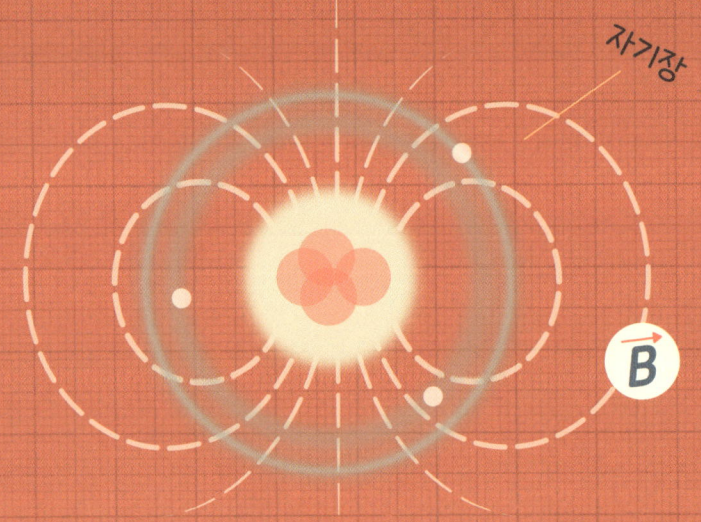

자기장

이 때문에 원자는 다음과 같이 행동할 수 있어요.

초소형 자석

자석의 미소 전류 개념을 맨 처음 주장한 사람은 앙드레-마리 앙페르(1775~1836)예요.

앞에서 보았듯이, 자석을 둘로 쪼개면, 둘 다 N극과 S극이 생겨요. 새로운 자석이 2개 생기는 것이죠. 만약 이렇게 자석을 둘로 쪼개는 과정을 계속 반복하면, 점점 크기는 더 작고 자기장은 더 약한 자석을 얻을 수 있어요.

그런데 이 과정을 무한히 계속할 수 있을까요? 만약 자석 조각을 계속 둘로 쪼개다가 더 이상 쪼갤 수 없는 아주 작은 물질 입자(원자)에 이르면, 그 원자 자석은 초소형 자석처럼 행동할 거예요.

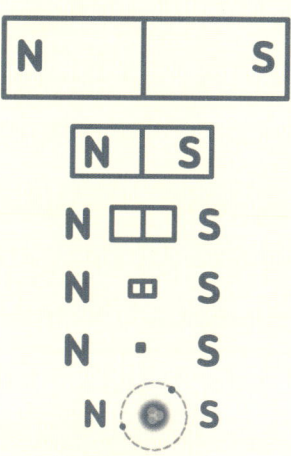

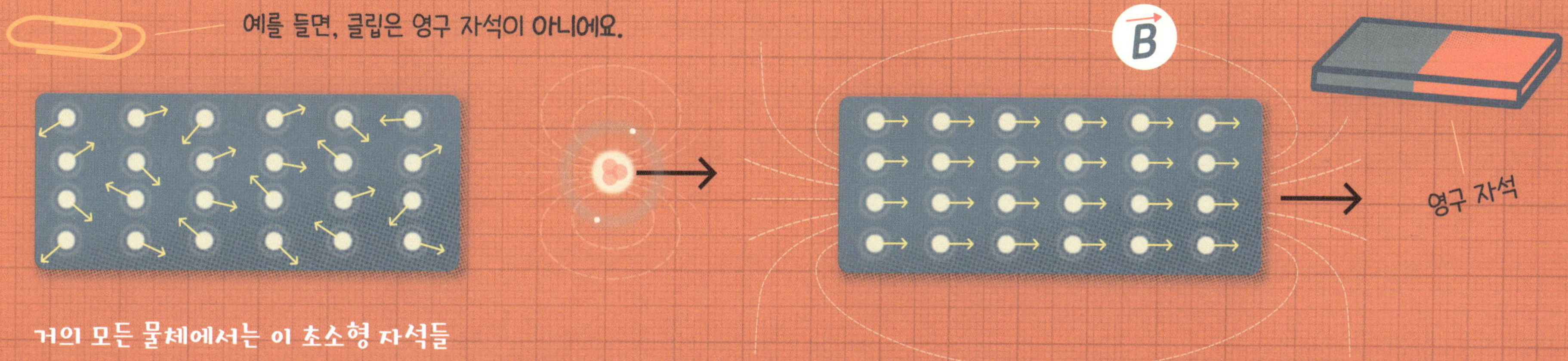

예를 들면, 클립은 영구 자석이 아니에요.

거의 모든 물체에서는 이 초소형 자석들이 모든 방향으로 늘어서 있기 때문에, 그 자성이 상쇄되어 그 물체는 자성을 띠지 않아요.

이와 달리, 영구 자석에서는 원자들의 모든 미소 자기장이 같은 방향으로 늘어서 있는데, 이것들이 합쳐져 큰 자기장이 나타납니다.

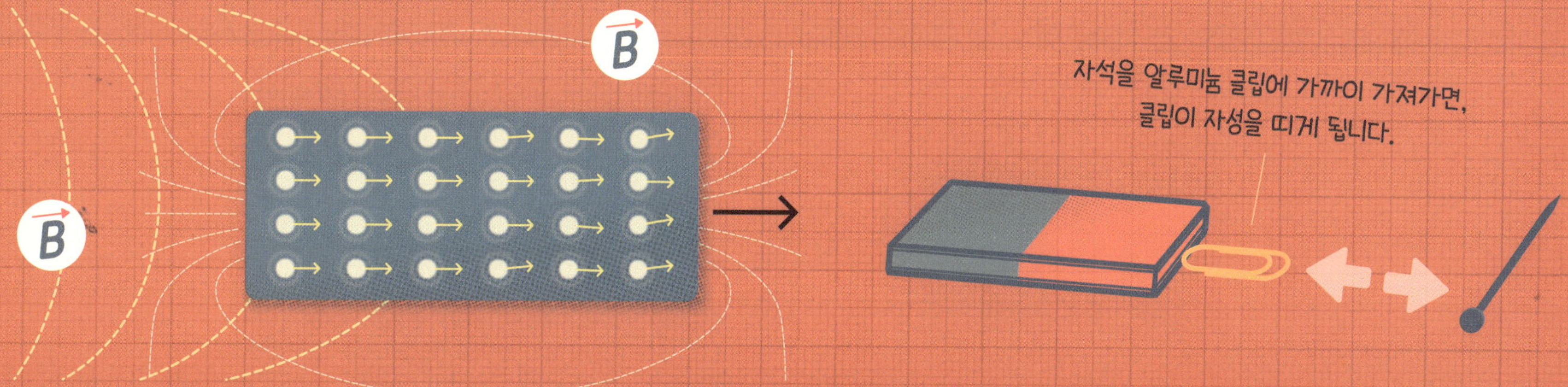

영구 자석

자석을 알루미늄 클립에 가까이 가져가면, 클립이 자성을 띠게 됩니다.

알루미늄 같은 일부 물질은 자석을 가까이 가져가면, 그 원자들의 미소 자기장이 한 방향으로 정렬하면서 자석으로 변해요. 그러나 자석을 다시 멀리 가져가면, 원자들의 미소 자기장이 다시 흐트러지면서 알루미늄은 자성을 잃어요.

전기를 만들어 내는 자기

마이클 패러데이(1777~1851)는 전자기학을 연구한 영국 물리학자예요.

패러데이는 외르스테드의 실험을 바탕으로 만약 전류가 자기장을 만들어 낸다면, 그 반대의 경우도 일어나리라고 생각했어요. 즉, 자기가 전기를 만들어 낼 수 있다고 생각했지요.

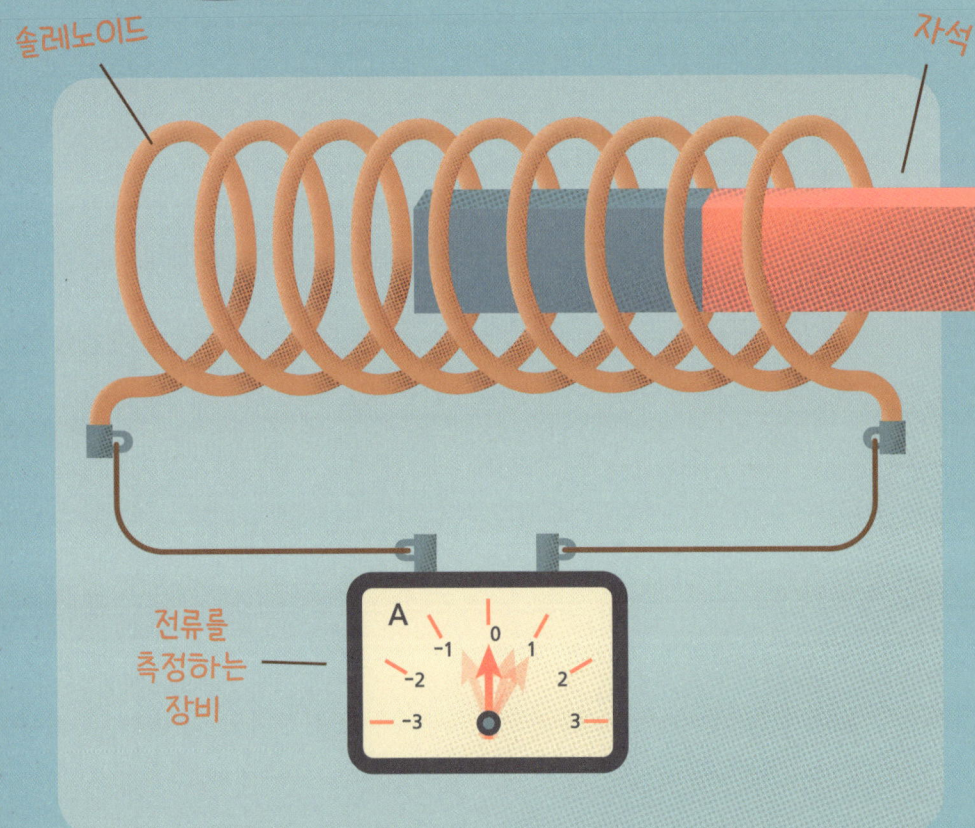

솔레노이드 / 자석 / 자석의 왕복 운동 / 전류를 측정하는 장비

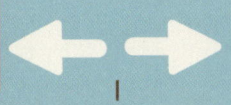

이런 생각을 바탕으로 패러데이는 1830년에 솔레노이드와 자석을 사용해 단순한 실험을 했는데, 여기서 엄청난 발견을 했어요.

 자석을 솔레노이드에 가까이 가져가자 전류가 생겨났어요.

 자석을 솔레노이드에서 떨어뜨려도 전류가 생겨났으나, 그 방향은 반대였어요.

 자석의 움직임을 멈추자 전류도 사라졌어요.

 자석을 가만히 놓아두고, 솔레노이드를 자석에 가까이 가져가거나 떨어뜨려도 똑같은 일이 일어났어요. 회로에 전류가 흘렀어요. 솔레노이드를 움직이건 자석을 움직이건, 또는 둘 다 움직이건 아무 상관이 없었어요. 한쪽이 다른 쪽에 대해 상대적으로 움직이는 게 중요했어요.

움직이는 속도가 빠를수록 발생하는 전류의 세기가 더 강해졌어요.

이 단순한 실험으로 패러데이는 아주 중요한 현상을 발견했어요.

그것은 바로 **전자기 유도** 였지요.

전자기 유도는 코일 안에서 자석을 움직여 자기장 (예컨대 움직이는 자석이 만들어 낸)의 세기를 변화시킬 때 코일에 전류가 흐르는 현상이에요.

1830년, 전신 부호와 전신기를 발명한 미국 물리학자 **조지프 헨리**(1797~1878)도 전자기 유도 현상을 발견했어요. 그러나 이를 발견하고도 발표를 미루는 바람에 그만 그 영예는 패러데이에게 돌아갔어요.

전자기 유도는 인류가 발견한 것 중에서 손꼽을 만큼 위대한 발견이에요.

오늘날 우리가 사용하는 전기 중 대부분은 바로 전자기 유도 현상을 이용해 생산되지요.

전기 생산

오늘날 우리는 거의 모든 곳에 전기를 사용해요. 약 250년 전에 전기를 생산하는 방법을 발견한 이후로 전기 수요는 계속 증가해 왔어요.

전체 에너지 수요 중 많은 부분을 차지하는 전기는 패러데이가 발견한 전자기 유도 현상을 이용해 생산됩니다.

발전기

발전기는 전자기 유도 현상을 이용해 회전 운동(역학적 에너지)을 전기(전기 에너지)로 바꾸는 장치예요.

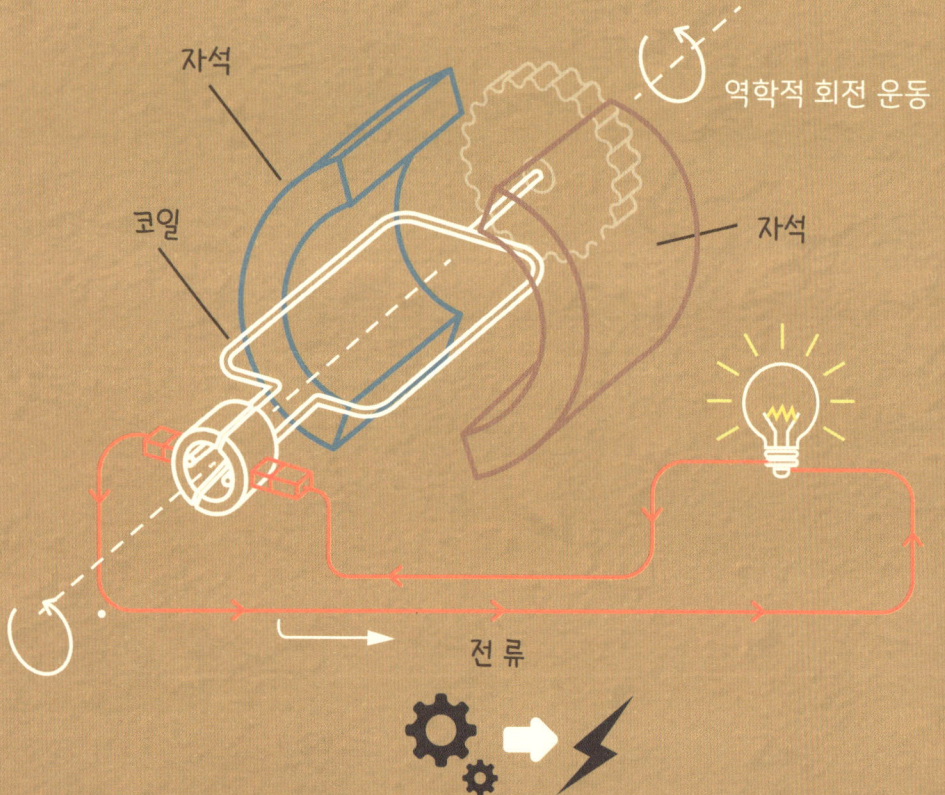

패러데이의 실험과 비슷하게, 자석으로 만든 자기장 속에서 도체 코일을 회전시키면, 전류가 발생해요. 코일을 회전시키건 자석을 회전시키건 그 결과는 똑같다는 사실을 명심하세요. 중요한 것은 코일과 자석이 서로에 대해 상대적으로 움직인다는 사실이에요.

풍력 터빈은 바람의 힘으로 날개를 움직임으로써 발전기를 돌려요.

수력 발전소는 물의 움직임을 이용해 터빈을 돌려요.

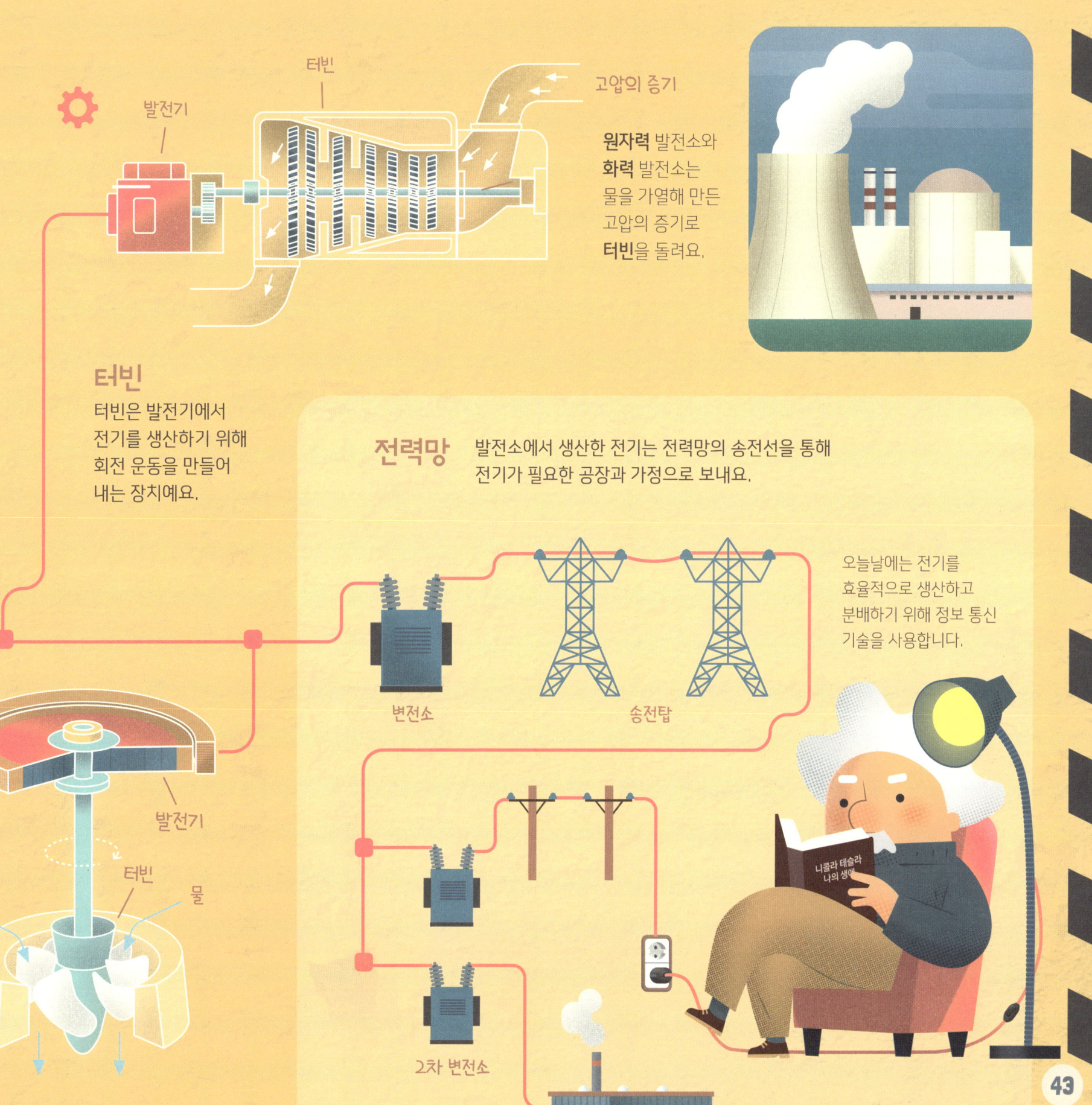

전기장과 자기장

19세기 물리학자들의 고민 중 하나는 원격 작용(힘이 공간을 가로질러 멀리 있는 물체에 작용하는 현상)을 설명하는 방법이었어요. 서로 닿아 있지도 않은데, 어떻게 한 전하가 다른 전하를 끌어당기거나 밀어 낼 수 있을까요? 그리고 어떻게 자석이 멀리 있는 쇠붙이를 움직이게 할까요?

이런 원격 작용을 설명하기 위해 패러데이는 멋진 개념을 생각해 냈어요. 패러데이는 전하가 다른 전하에 미치는 힘이나 자석이 다른 자석에 미치는 힘을 역선으로 나타낼 수 있다고 생각했어요. 그 힘이 미치는 공간을 장(field)이라고 해요.

자석은 자기장($\vec{B}$)을 만들어요.
주변의 다른 자성 물체에 미치는 인력은 바로 이 자기장에서 생겨납니다.

이곳은 자기장의 세기가 약해요.

이곳은 자기장이 거의 없어요.

이곳은 자기장의 세기가 강해요.

전하는 전기장($\vec{E}$)을 만들어요.
전기장 속에 놓인 전하는 끌어당기는 힘이나 밀어 내는 힘을 느껴요.

두 전하의 부호가 같으면, 서로 밀어 내요.

전기장은 방사상으로 뻗어 나가는 역선으로 나타낼 수 있어요.

두 전하의 부호가 다르면, 서로 끌어당기지요.

음전하를 향해 역선이 들어가요.

양전하에서는 역선이 밖으로 뻗어 나가요.

장은 전하나 자석의 힘이 미치는 공간 지역을 말해요.

패러데이가 장(field) 개념을 내놓았을 때, 그 당시 과학자들은 이 개념을 그다지 환영하지 않았어요. 현대 물리학의 가장 중요한 개념 중 하나인데도 말이에요.

패러데이는 가난하게 자라 수학 교육을 제대로 받지 못했어요. 그래서 자신의 개념을 위대한 이론으로 발전시키지 못했지요. 그것은 바로 전기와 자기를 통합하는 이론이었어요.

👉 **이 일을 해낸 사람은 제임스 클러크 맥스웰(1831~1879)이었어요.**

맥스웰은 스코틀랜드에서 태어난 물리학자이자 수학자로, 다른 사람들과 달리 패러데이의 개념을 아주 진지하게 받아들였어요. 그리고 뛰어난 수학 실력으로 '유명한' 방정식 네 개를 만들었어요. 이 방정식들은 우리가 전하와 자석에서 본 모든 것과 외르스테드와 패러데이가 실행한 실험을 포함해 모든 전기 현상과 자기 현상을 나타낼 수 있었어요.

장 개념에 기초한 이 방정식들은 전기와 자기 현상을 통합해 하나의 물리학 분야로 만들었는데, 그것이 바로

전자기학

맥스웰의 법칙은 마술처럼 전기장 $\vec{E}$와 자기장 $\vec{B}$를 사용해 모든 전자기 현상을 설명해요.

전자기파

맥스웰이 자신의 방정식을 사용해 놀라운 사실을 발견했어요. 그것은 바로 전기장과 자기장의 파동이, 다시 말해서 전자기파가 존재한다는 사실이었어요.

파동이란 무엇일까?

파동은 공간에 생긴 교란(물리적 상태의 변화)이 주변으로 퍼져 나가는 것이에요. 파동은 에너지를 지니지만, 물질을 포함하지 않아요.

예를 들어 연못에 돌을 던지면, 그 충돌로 생긴 교란이 수면 위에서 동심원을 그리며 나아가는 수면파를 만들어요.

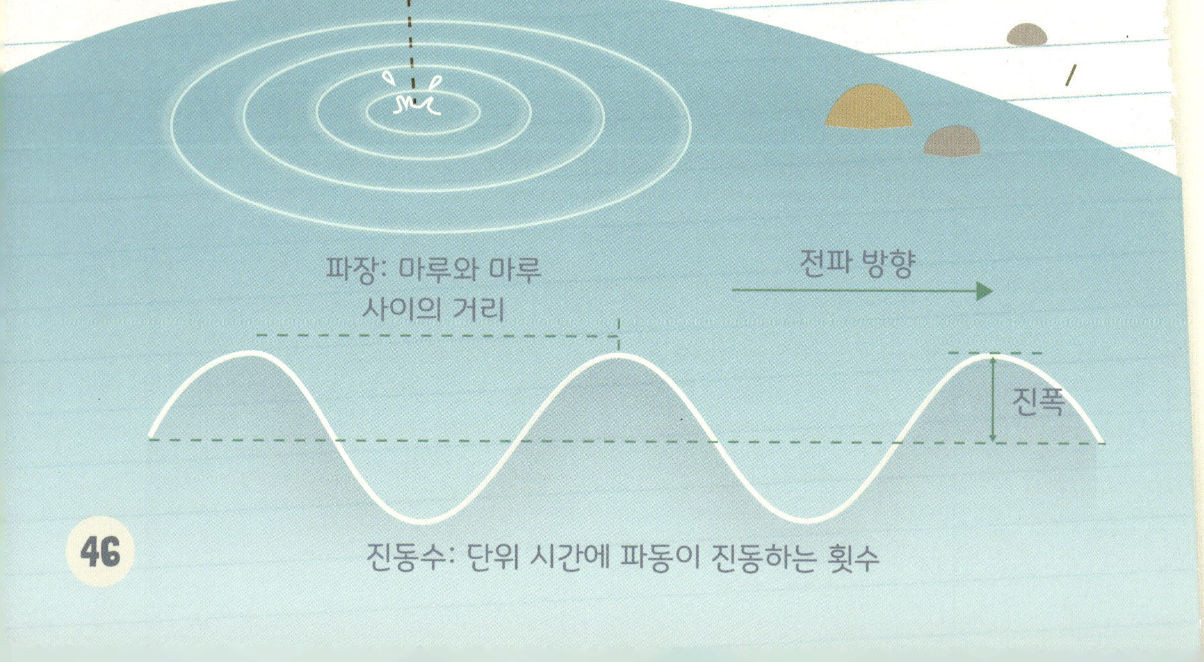

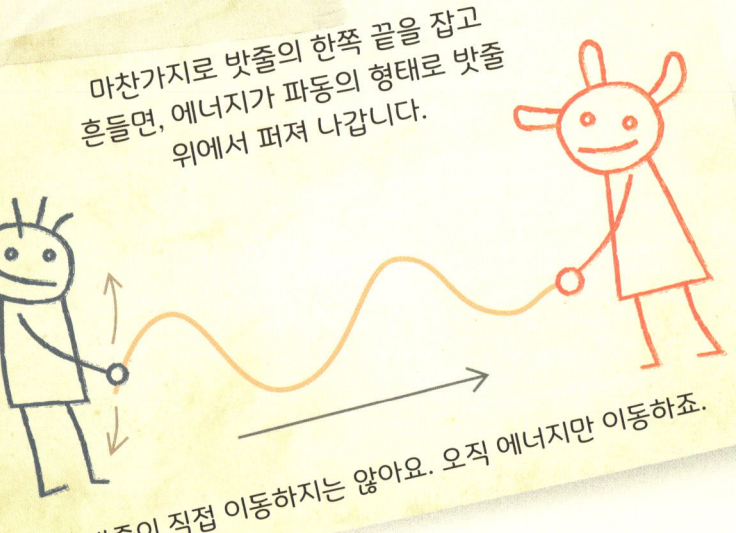

마찬가지로 밧줄의 한쪽 끝을 잡고 흔들면, 에너지가 파동의 형태로 밧줄 위에서 퍼져 나갑니다.

밧줄이 직접 이동하지는 않아요. 오직 에너지만 이동하죠.

파장: 마루와 마루 사이의 거리

전파 방향

진폭

진동수: 단위 시간에 파동이 진동하는 횟수

전자기파도 다른 파동과 비슷하지만, 만들어지는 방식이 다르고, 또 전자기파만의 특별한 성질을 지니고 있어요.

만약 전하(예컨대 전자)를 진동시키면, 변화하는 전기장이 생기는데, 이것은 다시 변화하는 자기장을 만듭니다.

그러면 이 자기장은 다시 전기장을 만들고, 그것은 다시 자기장을 만들고, 그런 식으로 계속 이어져요.

이렇게 해서 변화하는 전자기장이 생겨요. 전자기장은 전기장 E와 자기장 B가 결합된 것이에요. 공간에서 퍼져 나가는 전자기장은 계속 진동을 통해 추가로 전기장과 자기장을 만들면서 한 장소에서 다른 장소로 에너지를 옮겨요.

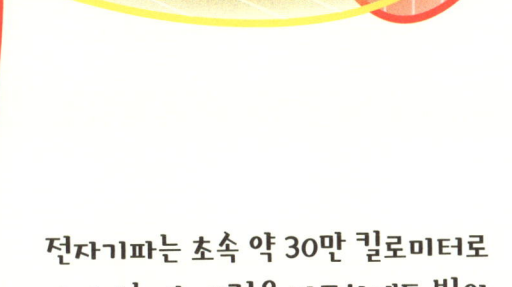

전자기파는 초속 약 30만 킬로미터로 나아가는데, 이것은 기묘하게도 빛의 속도와 일치해요.

맥스웰은 이것이 결코 우연의 일치일 리가 없다고 생각했어요. 그리고 빛도 전자기파의 한 종류라고 결론 내렸지요.

빛도 전자기파예요.

먼 옛날부터 사람들이 궁금해하던 수수께끼가 드디어 풀렸어요. 그 수수께끼란 바로 빛의 정체가 도대체 무엇인가 하는 것이었거든요.

가시광선은 전체 전자기 스펙트럼 중에서 아주 작은 일부를 차지하는데, 유일하게 우리 눈으로 볼 수 있는 전자기파이기도 해요.

전자기 스펙트럼

전자기 스펙트럼은 모든 전자기파를 띠 위에 파장 순서대로 배열한 것이에요.

파동의 진행 속도가 똑같다고 할 때, 파장이 짧은 파동일수록 더 빨리 진동하고(진동수가 많고), 에너지가 더 커져요. 반대로 파장이 길수록 더 느리게 진동하고(진동수가 적고), 에너지도 더 작아집니다.

이것은 파도가 적게 치는(진동수가 적고 에너지가 작은) 고요한 바다를 항해하는 것과 파도가 많이 치는(진동수가 많고 에너지가 큰) 거친 바다를 항해하는 것에 비유할 수 있어요.

전자기파도 파도와 비슷해요. 전파 같은 전자기파는 진동수가 적고 파장이 아주 길어요. 이와 달리 감마선 같은 전자기파는 파장이 매우 짧고 진동은 엄청 빨라요.

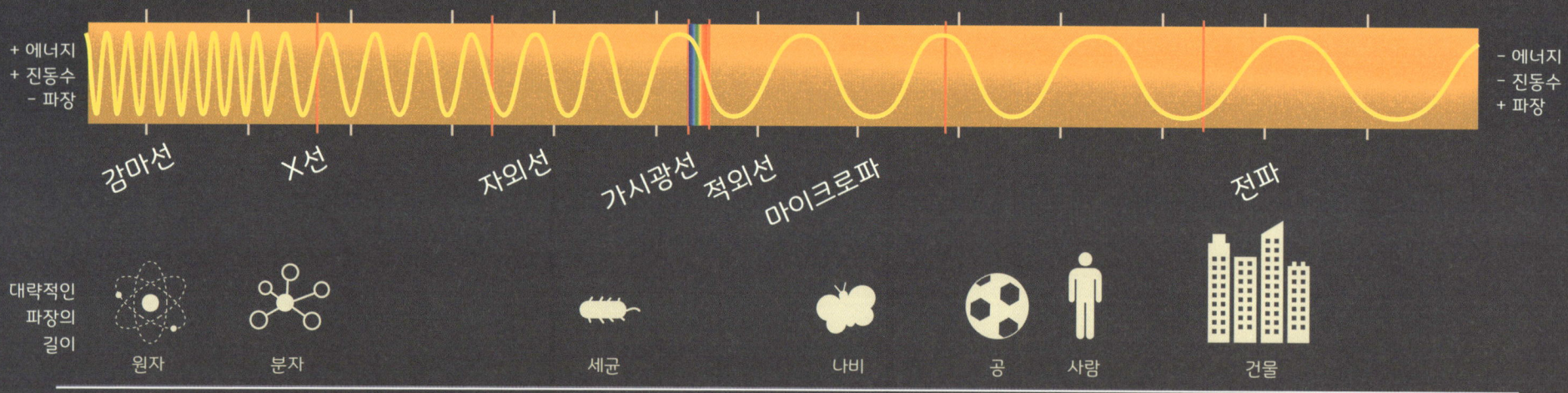

우리가 사용하는 기술 중 많은 것은 전자기파를 방출하거나 수신하는 기계에 의존합니다.

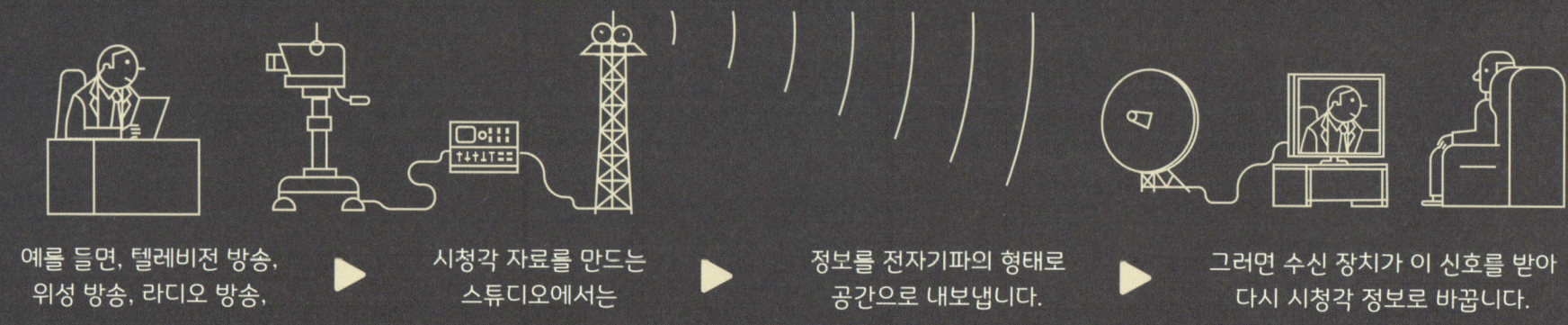

예를 들면, 텔레비전 방송, 위성 방송, 라디오 방송, ▶ 시청각 자료를 만드는 스튜디오에서는 ▶ 정보를 전자기파의 형태로 공간으로 내보냅니다. ▶ 그러면 수신 장치가 이 신호를 받아 다시 시청각 정보로 바꿉니다.

그 밖에도 전자기파는 쓰이는 곳이 많아요. 전자레인지로 식품을 데우거나, 휴대 전화로 데이터를 주고받고 대화를 나누거나, GPS를 이용해 자신이 있는 위치를 파악하거나, X선을 만들거나, 적외선으로 작동하는 리모컨을 사용할 때에도 전자기파가 쓰여요.

우리는 전자기력 덕분에 존재하고 살아가요

물, 흙, 공기, 돌, 금속, 책, 우리를 포함한 동물, 식물 등 주변 세계의 모든 물체는 원자로 이루어졌어요. 이 말은 곧 모든 것이 전하를 띤 입자들로 이루어졌고, 그것들이 상호 작용한다는 뜻이에요.

우리가 공이나 동물, 물 등 그 무언가를 만질 때, 우리가 느끼는 감촉은 실제로는 그 물체와 우리를 이루는 원자들의 전자들 사이에 작용하는 반발력이에요.

엄밀하게 말하면, 우리는 실제로는 어떤 것에도 직접 닿지 않아요.

우리 손이 실제로는 고양이 몸에 닿지 않는데도 고양이를 쓰다듬을 수 있는 것은 바로 전자기력 때문이에요.

비록 우리는 이해를 돕기 위해 원자를 이런 식으로 나타내지만, 원자핵과 전자의 실제 크기는 이보다 훨씬 작고, 그 사이의 거리는 훨씬 더 멀어요.

사실, 원자 내부는 대부분 텅 비어 있어요. 전자가 원자핵 주위를 계속 도는 것은 전자기 상호 작용 때문이에요.

원자는 대부분 텅 비어 있어요!

우리를 포함해 모든 것이 거의 텅 비어 있다는 뜻이에요!

이 말은 곧…

만약 전자기력이 없다면 어떻게 될지 상상해 보세요….

만약 원자 안에 있는 전자들 사이에 전기적 반발력이 없다면, 우리는 벽을 그냥 통과하거나 땅속으로 쑥 빠질 수 있어요. 우리를 가로막는 힘이 없기 때문이에요.

물론 전자기력이 없다면, 원자도 존재할 수 없어요. 그렇다면 우주는 현재 우리가 아는 것과는 아주 다른 모습일 거예요.

감사하는 말

이 책을 감수하고 큰 도움을 준 두 물리학자 디에고 후라도와 카를레스 무뇨스에게 감사드립니다. 뛰어난 통찰력으로 내가 볼 수 없는 것을 보게 해 준 훌리아 후라도 알레마니에게도 감사드립니다. 이 책에 대한 조언을 제공하고 자신의 교육용 비디오 '맥스웰의 악마'로 큰 도움을 준 마리오나 에스케르다 시우타트에게도 감사드립니다. 교열과 교정을 봐 주고 늘 곁에 있어 준 헬레나에게도 감사드립니다. 물론 인마와 타레크 우나이도 빼놓을 수 없죠. 모두 사랑해요.

— 세다드 카이드-살라 페론(@SheddadKF)

이 책이 나오는 데 도움을 준 모든 사람에게 감사드립니다. 특히 끊임없는 지원과 무한한 인내심을 보여 준 멜리에게 고마움을 표시하고 싶습니다. 페레, 로우르데스, 아리아드나에게도 감사드립니다. 또, 우리가 미처 보지 못한 것을 지적해 준 사비 비야누에바, 피쿠 옴스에게도 감사드립니다. 또한 마이클 패러데이와 탈레스, 벤저민 프랭클린, 제임스 클러크 맥스웰을 포함해 이 모든 것을 가능케 하고 계속 나아가게 한 모든 남녀 과학자들에게 감사드립니다.

— 에두아르드 알타리바(@eduardaltarriba)

글쓴이 세다드 카이드-살라 페론(Sheddad Kaid-Salah Ferrón)

물리학과 약학을 전공한 과학과 물리학 애호가이다. 학교를 졸업한 뒤 아이들에게 과학을 가르치며, 물리학을 계속 공부하고 있다. 제약 분야에서 일하며, 망원경으로 우주를 관찰하길 좋아하고, 지금은 인기 있는 과학 도서를 집필하고 있다. 지금까지 쓴 책으로 『처음 읽는 양자물리학』, 『처음 읽는 상대성 이론』, 『처음 읽는 코스모스』, 『처음 읽는 미생물의 세계』 등이 있다.

그린이 에두아르드 알타리바(Eduard Altarriba)

그래픽 디자이너이자 일러스트레이터이다. 실용적이고 재미있는 어린이를 위한 게임, 전시회, 애니메이션, 앱 및 워크북 등을 제작하는 독립 스튜디오인 알라발라(Alabala)를 운영하고 있다. 그림을 그린 책으로 『처음 읽는 양자물리학』, 『처음 읽는 상대성 이론』, 『처음 읽는 코스모스』, 『처음 읽는 에너지』, 『처음 읽는 미생물의 세계』 등이 있다.

옮긴이 이충호

서울대학교 사범대학 화학과를 졸업하고, 현재 과학 전문 번역가로 활동하고 있다. 『신은 왜 우리 곁을 떠나지 않는가』로 2001년 제20회 한국과학기술도서 번역상을 받았다. 옮긴 책으로 『진화심리학』, 『사라진 스푼』, 『이야기 파라독스』, 『화학이 화끈화끈』, 『59초』, 『내 안의 유인원』, 『많아지면 달라진다』, 『루시퍼 이펙트』, 『경영의 모험』, 『우주의 비밀』, 『미적분의 힘』, 『루시-최초의 인류』, 『처음 읽는 양자물리학』, 『처음 읽는 상대성 이론』, 『처음 읽는 코스모스』, 『처음 읽는 미생물의 세계』, 『공포의 먼지 폭풍』, 『흙보다 더 오래된 지구』 등이 있다.

감수 김선배

동국대학교 수학과와 물리학과를 졸업한 뒤 동국대 대학원에서 물리학 박사 학위를 받았다. 지금 동국대 자연과학연구원 연구교수 및 강의교수, 동국대 과학영재원 책임교수로 학생들을 지도하고 있다. 새로운 주제를 개발하는 데 관심이 많고, 각 대학의 과학영재원 사사과정 발표대회의 물리학 부문 심사위원을 맡는 등 영재교육 관련 분야에서 많은 활동을 하고 있다.

처음 읽는 전자기학

1판 1쇄 인쇄	2022년 11월 10일
1판 1쇄 발행	2022년 11월 15일
글쓴이	세다드 카이드-살라 페론
그린이	에두아르드 알타리바
옮긴이	이충호
감수	김선배
펴낸이	조추자
펴낸곳	두레아이들
등록	2002년 4월 26일 제10-2365호
주소	(04075)서울시 마포구 독막로 100 세방글로벌시티 603호
전화	02)702-2119(영업), 703-8781(편집), 02)715-9420(팩스)
이메일·블로그	dourei@chol.com / blog.naver.com/dourei

• 책값은 뒤표지에 적혀 있습니다. 잘못 만들어진 책은 구입하신 곳에서 바꾸어 드립니다.

ISBN 979-11-91007-24-4   73560

처음 읽는 시리즈

누구나 이해하기 쉬운 설명, 재미있고 재치 있는 그림과 구성으로
복잡하고 까다로운 과학의 세계를 설명해 주는 '처음 읽는 시리즈!'

처음 읽는 양자물리학
세다드 카이드-살라 페론 글 | 에두아르드 알타리바 그림 | 이충호 옮김 | 김선배 감수

양자물리학이란 무엇이며, 우리 일상생활에 어떤 영향을 미치는가? 까다로운 양자물리학의 역사, 개념부터 이론들까지 양자물리학의 모든 것을 이해하기 쉬운 설명과 그림으로 들려주는 놀라운 책! 아이는 물론 온 가족이 함께 '처음 읽는' 양자물리학 책이다.

처음 읽는 상대성 이론
세다드 카이드-살라 페론 글 | 에두아르드 알타리바 그림 | 이충호 옮김 | 김선배 감수

아인슈타인의 상대성 이론은 시간과 공간에 관한 이론이다. 그럼, 우리가 다 안다고 생각하는 시간과 공간, 속력, 운동이란 과연 무엇일까? 이 개념을 이해하고 나면 아인슈타인처럼 특수 상대성 이론을 통해 세계를 이해할 수 있고, 실제로 우주에서 일어나는 일들도 알게 된다. '처음 읽는' 시리즈 두 번째 책이다.

처음 읽는 코스모스
세다드 카이드-살라 페론 글 | 에두아르드 알타리바 그림 | 이충호 옮김 | 김선배 감수

우주의 거대 구조를 결정하는 중력부터 빅뱅, 블랙홀, 암흑 물질, 암흑 에너지, 우주망, 중력파, 웜홀 등은 무엇이며, 별은 어떻게 태어나고 죽는지, 우주가 팽창한다는 게 무엇인지, 우주는 어떻게 되는지 등 우주에 관한 모든 궁금증을 알기 쉽고 재미있게 들려준다. 우주가 태어난 순간부터 시작해 끝나는 순간까지 우주의 전체 생애를 살펴보는 신나는 여행이 될 것이다.

처음 읽는 에너지
요하네스 히른·베로니카 산스 글 | 에두아르드 알타리바 그림 | 이충호 옮김 | 김선배 감수

불의 발견, 물과 바람, 열과 증기, 태양열과 원자력 등을 이용해 에너지를 얻는 방법에서부터 에너지를 효율적으로 생산하고 배분하는 스마트 그리드, 우주 탐사선이 에너지를 얻는 방법에 이르기까지 에너지의 생성, 측정, 활용 및 변환 방법과 에너지의 역사를 생생한 그림과 함께 알기 쉽고 재미있게 설명해 준다. 우리 주변 어디에나 있는 '에너지'란 과연 정확히 무엇일까?

처음 읽는 미생물의 세계
세다드 카이드-살라 페론 글 | 에두아르드 알타리바 그림 | 이충호 옮김 | 이장훈 감수

땅이건 바다건, 심지어 우리 피부를 비롯해 어디를 바라보건, 모든 곳에는 너무 작아서 보이지 않는 생물이 있는데, 이를 미생물이 부른다. 단 하나 또는 여러 세포로 이루어진 이 작은 생물들은 지구의 모든 생물이 살아가는 데 꼭 필요하다. 미생물 중에는 우리에게 이로운 것도 있고 해로운 것도 있다. 다윈 박사와 함께 흥미진진한 미생물의 세계로 여행을 떠나보자!

▶ '처음 읽는 시리즈'는 계속됩니다!

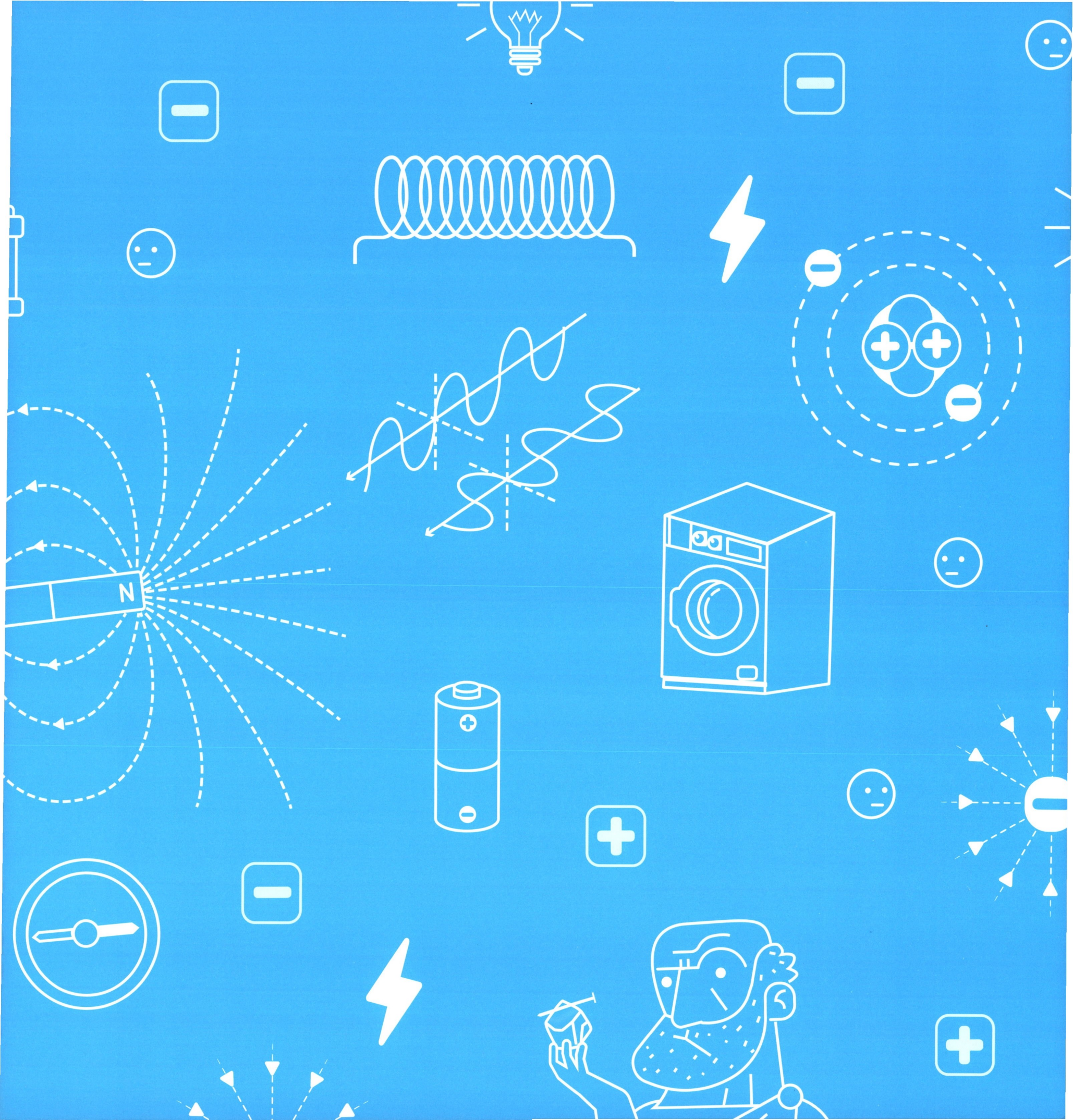